潘伟　中国摄影家协会会员，广东省作家协会会员

摄影专题《民间一瞥》入选首届连州国际摄影年展，上海人民出版社2006年出版；摄影专题《稻草人——中国农民的大地艺术》入选首届巴黎世界摄影双年展；摄影专题《天工开物古今图说》，广西师范大学出版社2011年出版，入选第十一届平遥国际摄影大展和"2012创意两岸城市设计双年展"，并获"两岸最美的书"荣誉和广东省第九届鲁迅文学艺术奖；2014年，获广东省新闻摄影卓越贡献奖；摄影专题《中国传统农器古今图谱》，广西师范大学出版社2015年出版，被评为"2016桂版好书"；主编《粤北乡村狮舞考》，广西师范大学出版社2016年出版。

本书图片均由作者本人拍摄

百工记

BAI
GONG
JI

潘伟 著

GUANGXI NORMAL UNIVERSITY PRESS
广西师范大学出版社
·桂林·

图书在版编目（CIP）数据

百工记 / 潘伟著. --桂林：广西师范大学出版社，
2021.9
ISBN 978-7-5598-4139-1

Ⅰ．①百… Ⅱ．①潘… Ⅲ．①职业－中国－图集
Ⅳ．①D691.92-64

中国版本图书馆 CIP 数据核字（2021）第 161640 号

广西师范大学出版社出版发行

（广西桂林市五里店路 9 号　邮政编码：541004）
（网址：http://www.bbtpress.com）

出版人：黄轩庄

全国新华书店经销

湖南省众鑫印务有限公司印刷

（长沙县榔梨街道保家村　邮政编码：410000）

开本：710 mm × 1 180 mm　1/24

印张：$17\frac{8}{24}$　　字数：160 千

2021 年 9 月第 1 版　　2021 年 9 月第 1 次印刷

印数：0 001~5 000 册　　定价：128.00 元

如发现印装质量问题，影响阅读，请与出版社发行部门联系调换。

序——民间造物史 百姓生活志

2000年，我在地方报纸副刊开了个专栏，冠名《民间一瞥》，一图一文皆纪实，很受欢迎，翌年，专栏被评为"全国报纸副刊优秀专栏"，开了379期。时隔20年，还有读者保存剪报，期期不漏。从此，我把镜头聚焦于民间，社会底层的造物行当，或谋生技艺，衣食住行，涉及民生的方方面面。

每有闲暇，我便背个相机，去县城"扫街"，下乡镇"扫圩"。21世纪初，盛世太平，自城徂畛，民有闲钱。彼时，各地街市镇圩，居货山积，列肆幌子，五花八门，百工诸技，各色人等，熙来攘往，医卜星相，亦纷至登场。即便随街乱拍，亦有收获。当年吝惜胶卷，拍摄场景略单调，涉猎领域稍狭窄，今引以为憾。

记者习性，随拍随问随记，三言两语，有话则长，无话则短。胶片而数码，断断续续，刹那廿载，日积月累，有意无意间，百工技艺、百姓民生之影像积成大观。

百工技艺，或发扬光大，列入"非遗"，名扬天下；或后继乏人，沦为夕阳行业，行将淘汰。然技有高低，业无贵贱。旧时"三百六十行"，都应逐一定影，为之作传。物质文明之遗存啊，祖祖辈辈，曾赖以生存。

寻作坊，找旧铺，访工匠，追"走鬼"："阉猪佬"欧阳，弹棉匠老覃，糊"狮头"的盘叔，刻墓碑的老陈，钉木屐的老吴，锔瓷碗的田师傅，"伟兴"铜铺的老苏，养鸬鹚"咬"鱼的牛哥……留电话，加微信，常联系，交往成友。这是人世间的另一面，"神鸟"衔牌测姓氏，雀有灵性？巫师赤足上"刀山"，人有轻功？老话讲："十年能中一秀才，十年难识一江湖。"

江湖民间，乃社会基层，面广行当杂。旧时，所谓"三百六十行"，所谓"七十二寡门"，所谓"百业百工"，都是概约之说，未能道其详尽。我为百工杂技作影录，时已至21世纪初叶，所录两百余行当，仅是管中窥豹，而非全貌，多为遗存，行将消逝。

先前，我结集出版《民间一瞥》，视觉人类学者邓启耀先生序之曰：影像叙述的关于民间生活的史志类作品，叙录了正史之外的野史，英雄史基座下的人民史。毫无疑问，作为"复线历史"的一部分，这类民间生活的图像志，也将进入与英雄史并列的人民的生活史。

中华民族，农耕经济数千年，自给自足，手工业随之发达，谋生技随之奇巧，这是农耕文明的积淀。《百工记》，记百工造物史，记技艺众生相，这曾是百姓的生活方式，虽然，只是一部旧行业的影像野史，却为百姓的生活史作了真实记录。

作　者
2021 年 7 月

目 录

壹

民生之本

耕田

我国是农业古国，百业农为先。传统农业耕作，南方水田耕、耙、耖、耥，北方旱地耕、耙、耱、压，都靠人力和畜力。

春秋战国，耕地始私有，铁犁牛耕，逐渐推广，男耕女织，自给自足，小农经济形成。至唐，耕地增加，赋税征收，由丁身转土地；水车、筒车灌溉，曲辕犁牛耕，因时因地，精耕细作，农艺和产量曾领先世界，其时农夫，也曾荣光。勤劳且节俭，四海无闲田，却是农夫犹饿死。

人口多，耕地少。南宋，南方稻麦两熟，依然"荒山半寸无遗土，田父何曾一饱来"。明代，引进旱地作物，番薯、马铃薯和玉米，填饱肚子后，人口又剧增，吃饭问题还是没解决。

人民公社时期，一日三餐粗糙，且不饱；"忙时多吃，闲时少吃，忙时吃干，闲时半干半稀，杂以番薯、青菜、萝卜、瓜豆、芋头之类"，这段"最高指示"，印上粮食供应本，写上墙壁。

分田到户、取消粮食统购统销之后，农民普遍得温饱。耕者吃不饱饭的问题，曾困扰中国数千年。

丰衣足食如今，乡村耕者，多弱妇老人。甚至，荒地闲田。青壮年呢？都离乡打工。为何？耕私家田，仅供温饱，无经济效益。以农为业的出路，仍需继续探索。

1. 梯田狭窄的山区，"公婆犁"耦耕　2014年　广西龙脊古壮寨
2. 驶牛耙田　2013年　广东英德九龙镇
3. 牵"轮子"打格，循格子插秧　2014年　湖南浏阳普迹镇五丰村
4. 妻收稻，夫打禾，农家耕田常见组合　2017年　广东乐昌

桑农

农桑，衣食之本，不可偏废。旧时男耕女织，桑麻蚕缲，妇女之业；当今乡村，皆有所执，分工不同而已。

英德浛洸，千年古邑，种桑养蚕，时来久矣。谋划"一乡一品"，定位蚕桑，河滩两岸，遍设桑园，桑农两万，蚕桑业年产值过亿，获颁"中国蚕桑之乡基地"牌匾。

谷雨季节，桑农屋边搭棚养蚕，蚕已上簇，蚕茧洁白，密密匝匝。蚕簇，家蚕吐丝结茧的器具。传统蚕簇，用木、稻草或麦秸编结，上尖下宽，貌似山形，俗称"蚕山"。

蚕为何要"上山"？避蚕屎蚕尿污染，丝才不易朽腐，蚕有天性。荥阳青台遗址有丝绸碎片，距今五千多年，依然不朽！

蚕卵越冬，春桑孵卵成蚁蚕；蚕食桑三十三天后，便结茧；茧内化蛹，蛹大变蛾；雌雄蛾交尾，产卵即亡。蚕的一生，不足两月，吐丝千米。春蚕一生虽短，每个环节，都需蚕农精心呵护。

桑农屋边搭棚养蚕，蚕已上簇
2009年 广东英德浛洸镇

女红

女红，"红，假借为功，实为工"，亦作女工。旧指纺织、缝纫、刺绣一类手工及其成品，多为女子所做，故名。

三千多年的农业社会，男耕女织，为职业分工。明清时期，妇女的贤惠标准，以"德、言、工"衡量，夫家择妻，则另加"容"。这其中，"工"即女红之活。古代，衣衫鞋帽，帐帘被铺，都靠手工完成。"衣食住行"，"衣"字当头，因此，针线女红是生活技能。女红技巧，娘家母女相传，嫁至婆家，再婆媳相授，传承两家"母亲的艺术"。婚姻嫁娶，极看重女红。故从小，女子就学描花刺绣、纺织缝纫。大户人家调教小姐，专设绣楼，琴棋书画在后，女红为先。深闺的寂寞，女儿家的憧憬和担忧，都藏于十指女红之中。

清代山东潍坊民间年画，有《女十忙》，其题款是"张公家住在河南，迎娶儿妻未曾闲；纺棉织布挣银钱；盖楼台，治庄田；富贵荣华万万年"。妇女纺织十个环节，画中逐一描绘：弹花、搓股卷、纺线、拐线、浆线，到打筒、接线、引线、缠纬纱、织布，这是农家"女织"生活的写照。

后工业时代，男耕女织仍有遗存。有少数民族山民，食自耕粮，穿自织衣，田夫"男十忙"、织妇"女十忙"的场景，还能看到。

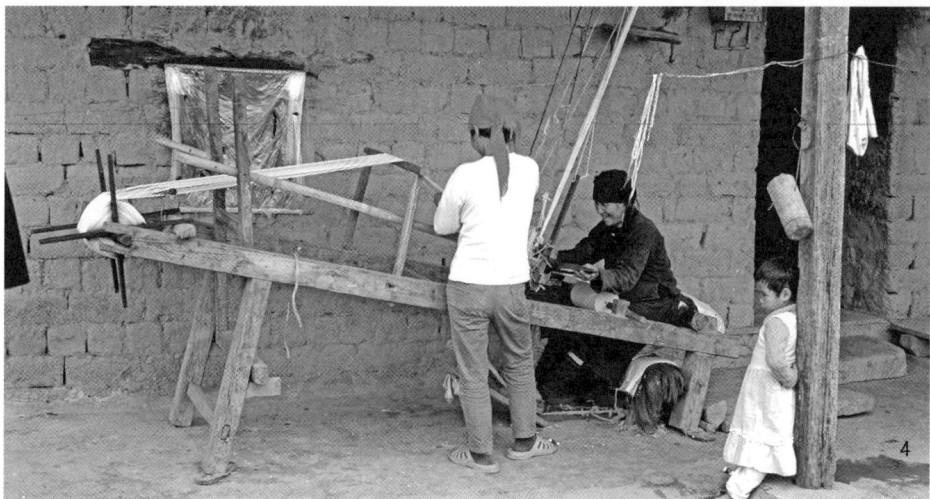

1. 放牛农妇旋椎搓麻线　2007年　云南红河
2. 手摇纺车纺棉线　2008年　云南元江
3. 绕线桄子　2010年　广西隆林
4. 农家织布　2008年　云南元江

笋农

五更鸡啼，笋农即起床，入竹林割笋。为何赶早？笋农说，凌晨有露水，割的笋鲜。趁天气好，当日煮晒，要赶太阳。割笋要适时，过早笋小产量低，太迟竹笋老化。这几天气温高，正是出笋盛期，两三天割一次。割笋时，刀平地面，切面平整，留笋莞，还可再发笋。

笋农臀后，背个刀篓，篓上安个小铁盒，何用？装盘香驱蚊，山蚊多且毒。入山挂个驱蚊铁盒，有香烟而无火患。

笋产自麻竹，却叫"骆坑笋"，物以地名。粤人称山溪为"坑"，骆坑是一条溪流，溪畔有两个骆坑村，分处"坑口"和"坑尾"。十里深坑，土层肥沃，林密日照短，日夜温差大，出产之笋，甜润不涩，嫩滑爽脆，色泽洁白，肉厚无渣。

骆坑，以及邻近的姨坑，家家都种麻竹，面积上千公顷。麻竹三岁便有笋，小则十几斤一条，大则可达数十斤。一莞麻竹，可年产笋两百斤。有笋干、笋片、笋丝、笋衣，是传统制作；今时尚绿色食品，又有保鲜笋、发酵笋和罐头清水笋。

骆坑地处清远市郊，附近有笋干加工企业，产品出口日本。媒体报道，在日本竹笋市场，竹笋产品超五成来自中国清远，其中清远笋干占日本笋干市场的95%以上。

太阳还没露脸，笋农割好两担竹笋，挑出竹林，抬上手推车
2004年　广东清新龙颈镇

砍樵

樵夫，旧称砍柴为生的男人。人类发明了火，便要柴薪；又有了交换，樵夫（或樵妇），便成为一种职业，是最古老的职业之一。

"柴、米、油、盐、酱、醋、茶"，开门七件事，柴排首位。无电又无煤气的年代，柴是家庭重要的生活资料之一。农民，个个都是砍柴好手。但是，以砍柴卖柴为业者极少。农闲砍柴，担去圩市卖，换钱买盐油、交学费、看病。卖柴，多属副业，樵夫也是农夫。

若自烧，砍柴枝，两三米长；软藤或篾条，绑作两捆；选粗枝作担挑，削尖两头，插入柴捆，担起即走。农民春天不砍柴，春木刚发芽，含水量大，柴湿担重。

樵夫砍柴卖柴，则"专业"：刀斧之外，一副竹柴络，一条木手杖。上山砍柴，松木首选，杂木次之。先砍柴枝，再裁成柴段，长约半米，城镇厨窄灶小，只烧柴段。之后，叠成空心柴塔，就地晾晒。待干，方能装柴入络，挑干柴下山，再上圩卖。

上圩卖柴，近则十里八里，远则十数里。樵夫右肩挑柴担，以木手杖垫左肩助力，左右轮换；途中休息，放下后担，前担以手杖撑之。至于上坡落坡，则恢复手杖助撑功能。

世俗认为，砍柴卖，是底层职业，古今皆然。所谓"柴门"，清贫而简陋，与豪华的"朱门"相对。

樵夫途中休息，放下后担，前
担以手杖撑之

2004 年 江西婺源

砍柴的农妇
2012 年 广东连南

伐木

伐木，是最古老的职业之一。战国初期，齐国考核工匠的官书《考工记》载，"攻木之工七"：轮人、舆人、弓人、庐人、匠人、车人、梓人，有专业分工。"攻木"，必先伐木。"轮人为轮，斩三材必以其时。"造车轮前，伐取三种木材，须依照季节。伐取毂材，还须刻识阴阳记号，向阳者纹理密实，向阴者纹理疏松。战国时，体制内的伐木工，已有职业要求。

丁丁伐木之声，从刀斧至油锯，已不绝数千年，森林资源，渐渐枯竭。

2015年4月1日，我国出台国有林区"禁伐令"，原始森林伐木声将止。"禁伐令"生效前，最后一个伐木季节，版画家于广义，回故乡黑龙江林区，拍摄纪录片《木帮》，镜头对着伐木工人，记录即将消失的生产、生活方式。

社会在发展，伐木有尽时，生活、生产还需木材，怎样办？北魏《齐民要术》出谋：人工造林，轮流采伐，"一亩三垄，一垄七百二十株……五年，任为屋椽，十年，堪为栋梁……岁种三十亩，三年九十亩。一年卖三十亩，得钱六十四万八千文，周而复始，永世无穷"。

历朝历代，各级政府，都抓营林造林，或昭告倡导，或法令推广。古有"植树皇帝"，今有"造林书记"，带头示范。

林农轮流采伐人工造林的杉木
2012年 广东连南

松树山，被山火烧焦。伐木工伐火烧松，
之后扛下山。树不粗，每趟扛两三根。山
下过磅秤，人扛着木头，手乌衣黑，站上
磅秤，磅秤是称木头，不是称人，人只是
"皮"，"退皮"之后，便是木头的重量。
其方法正如公路旁的地磅磅货，或矿山侧
的地磅磅矿
2004年 江西婺源

牧牛

旧时乡村牧牛，多为村童之职。今之乡村，牛耕渐少，耕牛也少，牧童更少见。为何？普及九年义务教育，儿童都上学堂去了，逢假日，偶尔可见牧童。

山区梯田，尚用牛耕，农户还须养牛。今交通便利，牛盗也便利，前些年，牛盗成患，粤西公安部门，曾赠农户"耕牛防盗报警器"，俗称"气死贼"。贼高一筹，发明解除警报之器。粤北某村，有农户连续被盗三头牛，一头耕牛，时价过四千元，是山区农户的一半家当。再买两头牛，为防牛盗，老汉搬进牛栏，与牛共眠。风急雨骤夜，牛盗抛石砸瓦，雨漏床湿，当晚，老汉只能回家睡。翌日发现，两头牛不见踪影。

盗高一尺，民智高一丈。有村庄联防，集中圈牛，集中放牧，既省人工，又防牛盗。后生外出打工，唯老者在村，故有牧翁、牧妪，替代牧童，轮流放牧。

乡村牧妪不仅要牧牛，还兼"牧人"——孙，或外孙。

乡村牧妪，一人牧全村之牛
2005 年　广东清新升平

牛中

"牛中介"，即牛交易经纪人，农民简称为"牛中"。

南方集镇都有圩，圩大而旺，则专设牛圩。牛的交易，必到牛圩。圩以三日为周期，如一、四、七，或二、五、八，两位数看尾。

在牛圩，"牛中"是买卖双方中介人。牛被买方看中，"牛中"即来看脚、摸寿、试步，就知牛的年龄、力气、"勤"或"懒"，以及健康状况，是否"好驶"。买卖双方讨价还价时，由"牛中"协调，都满意，即成交。最后，买卖双方写契，镇工商所戳记。

操"牛中"之业，自有一套"相牛经"：耕牛看脚，牛蹄齐而圆，前后脚搭配"前箭后弓"，行走时，后脚印能越过前脚印，此牛有脚力，能耕田；牛尾粗，牛就耐寒，过冬不掉膘；毛黑且亮泽，则牛体质好。菜牛看背，背宽的牛肉厚，按其背脊，手感硬且有弹性，则肉质上佳。问牛年龄？摸摸牙床，看看牙齿，就知晓……

"牛中"潘荣保善相牛，获工商部门"评议员"称号，名扬粤北连州一带。他常年奔走于各牛圩之间，相一头牛，得十元八元中介费。

东莞市横沥牛圩的"牛中"，列入省级非物质文化遗产。横沥牛圩，形成于明末清初，论活牛交易市场，华南规模最大，历史也最长。

"牛中"潘荣保摸牙床辨牛龄
2007年 广东连州东陂牛圩

牧羊

　　牧羊，人类古老的职业。《诗经·无羊》吟道："谁谓尔无羊？三百维群……尔牧来思，何蓑何笠，或负其糇。"牧羊人荷蓑戴笠，还背着干粮，具象生动。

　　至今，在传统的农牧地区，牧羊业仍是主要产业。以牧羊为业的人，叫羊倌。羊倌牧羊，有用牧羊鞭，也有用放羊铲。

　　羊倌驱赶羊群，或用牧羊鞭。扬鞭挥动鞭梢，发出"啪"声，人则以"嘿"声相呼应，促羊警觉快走，并非鞭挞，故又称"呼鞭"。牧羊鞭多为牧羊人自制：找根木棍作鞭杆，要质地结实，拇指粗细，长约半米，粗端绑鞭条；鞭条或用动物皮条，或用麻绳布条。

　　羊群大，易走散，鞭再长，声再大，亦莫及。怎么办呢？羊倌就凭一把放羊铲，远距离控制羊群。羊群虽大，数十上百，乃至数百，但属"独裁物种"——领头羊决定行进路线，控制住领头羊，即控制住羊群。领头羊走出指引范围，即用放羊铲铲块土疙瘩，飞掷过去，令其掉头。放羊铲长木柄，铲头两边微弯，以便铲土。

　　曾问当代羊倌，苦或不苦？老者听着录放机说，天天听歌穷开心；后生则抱怨，手机常没信号，好寂寞。

扬鞭挥动鞭梢，发出"啪"声，人则以"嘿"声相呼应，促羊警觉快走

2014年 山西大同得胜堡村

羊倌凭一把放羊铲，就可远距离控制羊群

2011年 山西中阳

薅羊绒

羊圈旁边，羊被捆住双角，平躺木板上，两牧民抓住羊的前后腿，各用小铁耙，逆毛薅耙，满耙子的羊绒毛。

这是薅羊绒，土话又叫抓绒。羊绒出自山羊，羊毛出自绵羊。薅羊毛用剪刀，或者剃刀，把绵羊的毛全薅光；薅羊绒呢，以小铁耙薅山羊毛的根部，薅出细软的绒毛。

薅羊绒有季节。每年入秋，山羊始长绒，先是背上，再到两侧，最后是肚子。长至冬天，羊绒细软，密贴皮肤，为羊保暖。春天渐暖，羊绒便自行脱落，先是头、颈，逐渐移向肩、胸、腰、背，后及股部。此时，就要及时薅绒。不薅，羊绒慢慢脱落，犹如人卸冬装。

看薅羊绒，薅出绒毛成团。羊绒无髓空心，轻飘飘的，一只山羊，也就是七八十克吧。织制一件羊绒衫，计要薅五只山羊呢。商场卖的羊绒衫，若数百元一件，按价格规律，应是毛绒混纺制品。

牧民说，薅绒要有度，不能只逮着一只羊使劲薅。

绒山羊，我国独特的生物资源，其所产山羊绒，被誉为"软黄金"，或誉为"纤维宝石"。若算世界羊绒总产量，我国占七成以上。

两村民分别抓住羊的前后腿，各用一把小铁耙，逆毛薅羊绒

2013 年 陕西绥德

赶猪郎

猪郎，即配种猪；猪郎公，赶猪郎人的称谓。

每当猪嬷盼郎时，闯栏破圈，躁动不安，就要请猪郎公至。主家需备条凳和稻草，在场院上为猪设"婚床"。

若路途远，猪郎还要吃主家潲，猪郎公则吃主家饭。若赶的是仔猪郎，无交配经验，趴上猪嬷背，找不着目标，猪郎公还得相助，手托猪郎，引其入巷。乡下人笑称此招为"捧猪朊泡"。

配种一次，得米三筒，鸡蛋两枚，说是为猪郎补身子；猪郎公则得"利是"一封。米和鸡蛋，为谁补身子，只有猪郎和猪郎公知。

猪郎公之业，虽利及方圆三五里，乡人却多贱之。故操此业者，多为鳏夫独汉。

昔年破"四旧"，立新俗，乡间有胆大女子，手持竹鞭赶猪郎，走村串寨，沿途被人耻笑，终弃鞭而逃。

赶猪郎者，喝百家茶，吃百家饭，抽百家纸烟，总是风雨岁月，日晒生涯。

当今养猪规模化，猪嬷成群，孤家寡郎，如何消受得起？于是，配种员应时出现，人工授精亦成常态。农户不养猪，更不养猪嬷，乡间猪郎及猪郎公，随之消失。

猪郎和猪郎公，行走在乡间
2000年 广东连州九陂镇

卖猪苗

乡镇集市卖猪苗，今已少见，农户大都不养猪。唯有少数民族地区，或偏僻山区，仍保留土法养猪习惯。

我也曾用土法养过猪。1971年，随"下放"的父母迁到农村。上造莳完田，家里从圩上买回一头"猪苗"，五六十斤。从此，放学回家，就要去"揾猪草"。再到番薯地，割些薯藤、薯叶，回家剁碎，大锅熬之。还要上山挖"柴头"，回家熬猪潲。

当年稻谷碾米，要担到大队的"米机"。"米机"可调节"统糠"："二八统糠"，百斤稻谷加工后，两成糠，八成米；"三七统糠"依此类推；此外，还有碎米。恐粮食不足，不管米糙，家里碾"二八统糠"。养猪之后，猪潲要加点"肉糠"，改碾"三七统糠"。碗里的饭白了，还托猪之福。晚造割完禾，猪快出栏了，每天往猪潲中添点碎米。

大半年，"猪苗"终于养成"肉猪"。计划经济年代，农民养猪有"派购"任务。猪出栏日，不吝白米，喂得肚子滚圆，之后，抬到公社食品站。喂再多，也白搭，食品站有评估员，评估"出肉率"。依生猪派购政策，"购六留四"。"留四"，领回四成"肉票"，便是全家一年可食的猪肉。

今法养猪，成规模，拼配方，喂生料，混泔水，猪尚未发情，便可出栏，讲效益。都说猪肉之味，今不如昔。

乡镇集市猪苗行
2005年 广西南丹

山塘野泽，鹅群前脚踏后脚，有序而行，井井然如列队。"鹅司令"一条长篙，作指挥棒。

"不要小睇放鹅仔，穿对烂水鞋，开台车呢，都一百几十万。发唔发达，要睇行情。"睨鹅仔说，"2019年底，一只鹅崽卖到四五十元。有的同行，之前呢，开台烂'丰田仔'，一下子就换台靓车，在市区还买两套房。"睨鹅仔很年轻，系"九零后"，自称在市区买有楼。

睨鹅仔跶对塑料拖鞋，穿灰蓝烂牛仔裤，不是时尚，是真的穿烂，而且脏，故浑然天成；长篙横搭肩背，随鹅群漫步于荒泽上，慵容懒散。

粤人白话，聊天系"倾偈"。睨鹅仔"倾"起各款高档跑车，如数家珍。"倾"来"倾"去，返到"养鹅经"——"养有五千鹅乸，生蛋，孵化，卖鹅崽。一日食四包谷，四百斤咧，仲要加饲料，一个月的开支，至少十万元。而今的价格，鹅崽卖到九元一只，就可保本。去年卖到四五十元一只，想唔发达，都几难。"

就好奇，五千鹅乸，怎么孵蛋呢？

睨鹅仔笑道，在空调房嘛。我有四台孵化机咧，每个月要好多电费哦。他又说，鹅乸养五年，可生蛋两年，之后呢，卖给酒楼，做"鹅乸煲"。鹅乸养足五年，鹅肉才有"嚼头"。

昏晨牧鹅，每日两次，千鹅曲项啄草，一夫百无聊赖。

一条长篙，睇鹅仔指挥千鹅

长篙横搭肩背，睇鹅仔随鹅群漫步于荒泽上

2020年　广东清远市郊

疍家

南宋地理名著《岭外代答》称："以舟为室，视水为陆，浮生江海者，疍也。"

小艇，即"疍"之家。擦得油亮的舱板，亦床亦凳亦桌，艇上，柴（煤气炉罐）、米、油、盐、酱、醋、茶，样样齐全。小艇是夫妇俩的"二人世界"，"夫妇居短篷之下"，还是南宋遗俗。老人与孩子呢？上岸了。或租人老祖屋，或买二手旧房。买新楼，或建楼房者，极少，得卖多少鱼啊！

小艇上出生，舟楫为家，及长，捕鱼为业，娶疍家女，周而复始。刺网、抛网、钩钓、鸬鹚、虾笼、耙蚬，为水上生存，疍家穷尽捕捞之技。至1948年，清远北江河段，渔艇七百余条，疍家四百户，过两千三百人。之后，渔业初级社、渔业高级社，逐步"合作化"；变身渔业大队，再"公社化"；合合分分，有何变化？艇尾动力，多了柴油机。照旧单艇江河揾食，还是疍家。

拦江截坝，鱼类受阻，何处洄游产卵？更兼放炮放电，大鱼小鳅，无处可逃。北江难见大鱼，品种逐年减少。疍家的渔业，日渐艰难。

疍家的后代，纷纷上岸谋生。仍居江上的疍民，或买艘大船跑运输；或几家合股，共同经营旅游船。

还有疍家，依旧漂泊。白天，日晒雨淋，风吹浪打；夜晚，没有电视，也没有电灯，随水涨水退，看日出日落。日日，月月，年年。

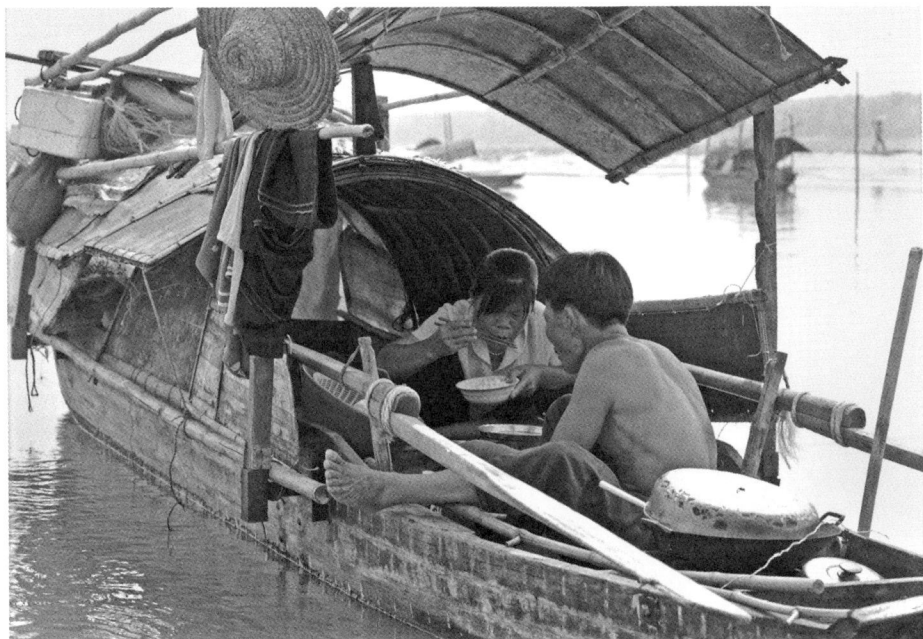

过"二人世界"生活的疍家
2001 年 广东清远

扳罾

赣江边，渔翁坐罾台，以扳罾捕鱼。所谓扳罾，就是铺在江里的一张网，其形如仰伞盖，网边四角系四根竹，竹交叉成十字架，架上拴根粗麻绳，为渔网操纵绳，又称"纲"。绳绕滑轮，再绑小木棍为扳手，间隔数十厘米。

罾台上，渔翁静守，眼紧盯着江面，候鱼入罾。罾鱼如埋伏，鱼有鱼阵，等阵来，伺机收。水面平静依旧，突然一声轻叫：收！哪有鱼阵虾影？但见，渔翁双手交替，依次扳动木棍，越扳越快，"纲"举目张，"四维"即起，罾渐出水面，网里银光闪闪，一条条小杂鱼，鲜蹦活跳。长竿小网兜取鱼，抖鱼入笼，约数斤。

再松纲沉罾。渔翁叹道：今不如昔啊！当年放罾，遇鲫鱼阵，一网数十斤，亦不稀奇。

20世纪80年代水产调查显示，赣江鱼类超百种，还有中华鲟、胭脂鱼，以及鲥、鳤、鯮等珍稀鱼种，今鱼种至少减半。赣江如此，各江河亦然。

钓之、摸之、叉之、截之、围之，继而炸药炸之，茶麸毒之，蓄电池电之……又兼拦河截江，鱼群产卵洄游受阻，鱼益少，故渔猎谋生，网弓为业，难以为继。

扳罾，是古老的捕鱼方式。《楚辞·九歌》以"鸟何萃兮苹中，罾何为兮木上"作比兴，由此判断，捕鱼工具"罾"，至少流传了两千三百多年。

渔翁坐罾台，候鱼扳罾
2004年 江西赣州市赣江

高脚罾捕捞

凌晨六点至金滩，拍摄高跷浅海捕捞。当地人说，每年农历六至八月，吹南风，深海游来南虾搵食和产卵，金滩浅海，到处是虾群。人站海里，却难辨虾群走向，就想到，"驳脚"踩高跷，居高临下，边察虾情边捕捞。

来了三位渔夫，说，今不是捕捞季节，无虾，只作演示。所用捕捞工具，叫"高脚罾"。双棍各串踩木，膝绳固脚，即为高跷；长竹竿作支架，绑三角形鱼网，就是"罾"。"罾"名古老，东汉《说文解字》解释：罾，鱼网也。

渔夫独自撑上高跷，肩扛着沉重的罾，踏沙下海。潮水之中，推罾、起罾、收罾、抖罾，演示罾虾过程。

渔夫老苏，已过花甲，言其十八岁学踩"驳脚"，罾虾已四十年。南虾多时，一网几十斤、上百斤。初学"驳脚"，先要两人扶，从"矮脚"学起。老苏说，旧时岛民贫穷，有渔船的人家不多，谋生靠拉大网、赶小海和踩高脚罾。京族男人捕鱼为业，人人都会。如今，高脚罾多作民俗演示，极少用作捕捞。

高脚罾并非仅出一地。清嘉庆版《澄海县志》，有高跷捕捞记载："身行潮中，下着假屐。假屐者二足，削棍为之。行海中，更相为换，潮深则着高者，长丈余。潮浅则着低者，长数尺。逐步浅海中之，或日或夜，随波上下。"

三渔夫踩高脚罾作捕鱼演示

2019年 广西东兴金滩

拉大网

东兴金滩阔平、坡缓，又无淤泥，浅海捕鱼，最宜拉大网。"京族三岛"风俗，各家共资购网。"网头"组织并指挥拉大网，"网丁"协同。"网头"多为老渔民，经验丰富、体魄强壮，经推选产生；拉大网的渔民，无论男女，都叫"网丁"。"网头"与"网丁"，同等分配。

暮春三月，遇京族渔民拉大网。

清晨，众"网丁"扛网上竹筏，网有千米长，数百公斤重。固定一头后，"网头"即驾艇撒网绳，沿滩岸线，围成半弧形大圈。

"网丁"分两组，每组六人，各执大网一头。旧时，"网头"敲鱼梆为号，众"网丁"即网带上腰，开始拉网。今听手机，鱼梆废弃。但见，两组"网丁"面朝大海，腰手合力，一步一退，往后拽网；后位解腰钩，趋前位挂腰钩，轮流复始。

网眼不足两指，稀疏见小鱼，鱼身窄长，其名白帆。"网头"言，起帆先见此鱼，得名。继续收网，网眼之鱼，越来越多。

网眼密密匝匝，都是白帆鱼。两组"网丁"，渐拉渐近，网圈鱼儿乱撞，击起水花一片。合力起网上滩，满眼白花花，网底多为巴碟鱼，半掌大，间中有乌贼、小黄鱼，稍大。白帆、巴碟，都属浅海小鱼种，长不大。

"网丁"分工，收鱼，分类，理网，之后摆上沙滩，过秤卖鱼。"网头"估计，此网鱼，超千斤。

合力起网上滩，满眼白花花的鱼
2019年　广西东兴金滩

众"网丁"面朝大海，腰手合力，一步一退，往后拽网
2019年　广西东兴金滩

养鹰捕鱼

北江峡口白庙渔村，有渔人牛哥，三十五六岁年纪，养鱼鹰二十只，捕鱼为业。鱼鹰捕鱼，白庙人叫"咬"鱼。

鱼鹰，又叫鸬鹚。鱼鹰捕鱼，古老渔业。东汉画像石《鱼鹰捕鱼图》，上刻渔舟、渔夫和鱼鹰。今牛哥下"海"（当地人称江为"海"）捕鱼亦然。

牛哥年少时多病，常辍学，无聊就学放"飞钓"，钩鱼为乐。十二三岁，跟父亲放鹰"咬"鱼，之后以此为业。鹰从江苏买，驯养过，四五千元一只，贵的过六千，会"咬"水鱼。公鹰敢"咬"几十斤重的大鱼，㼜鹰呢，只"咬"三四斤的鱼。飞来寺对岸水域，公鹰"咬"过一条鳡鱼，三十几斤重。鳡鱼凶猛，专食同类，㼜鹰不敢靠前。

鱼鹰可潜十几米深水，但至怕渔网，钻入网孔，就出不来。牛哥的鹰钻网死过两只。上游飞来峡，下游石角，先后筑大坝，水深而缓，如今放鹰"咬"鱼更难。天寒水冻时，大鱼深潜懒动，最易"咬"。春江水暖，"咬"的鱼只有三五斤重。除了有鳞鱼，鱼鹰也"咬"无鳞鱼，鲇鱼、黄骨、桂花、梅花鲋、白鳝、花锦鳝之类。

每年三月至六月，有四个月的休渔期，政府补贴两千元，每户一艇计。鱼鹰放长假，牛哥还要去鱼塘买小鱼喂鹰。今白庙渔村养鱼鹰捕鱼的，唯有牛哥两老表。

艇至峡江，牛哥停机划桨，松绳放鹰

鹰"咬"得鱼，傲然立艇舷，晾翅讨赏

2020年 广东清远白庙渔村

耙螺

冬日的北海银滩，潮水渐退。临近中午，遇渔夫，如耕牛拉耙般，牵拉着耙状工具，跟着海潮，跣足"耕海"。

渔夫头戴垂檐海笠，肩挂竹篾鱼篓，拖鞋串入耙柄，左手握木把，右手提网兜，腰缠牵绳，拉着木耙，步步慢退，浅水翻沙。退数步即停，步停耙起，沙里挑起贝类，或文蛤，或花蛤，网兜捞起，倒入鱼篓。

渔夫歇息，趋前看其耙锋，是块 U 形铁片，不像犁耙有排齿。问其名，说是"螺耙"。又问：沙里怎知耙到螺蛤？答道：铁耙翻沙，碰到贝壳，即有响声。

东兴金滩，再遇渔妇耙螺，其螺耙，与银滩渔夫的螺耙，大同小异，耙螺之法亦同。看渔妇早晨耙螺，近两个钟头，其腰际塑料小桶，两三斤蛤而已。渔妇说，耙螺赶潮水，水高，螺蛤才多。问何时水高。七眼水、八眼水。何谓七眼水、八眼水？渔妇且耙且答，终于知个大概。

渔妇所说的是潮汐规律：白天海水涨落，称潮；夜间海水涨落，叫汐。每天，潮汐由小潮转大潮，大潮再转小潮，反复循环，每月两次循环期。按潮汐周期，每天排列，从小半眼至十二眼（或十三眼）。一眼水至七眼水，潮落潮涨每天递增；八眼水至半眼水，潮落潮涨每天递减。七眼水，潮水最大，故说"水高"；八眼水开始，每天逐减。

渔妇海滩翻沙耙螺
2019年 广西东兴金滩

渔夫浅水翻沙耙螺
2018年 广西北海银滩

捞石螺

春水初涨，溪河清冽，已是清明时分，石螺从冬眠中醒来，经一冬蛰伏积蓄，螺肉丰满肥美，民间有"清明螺，赛过鹅"的说法。村姑撑着小竹排，至河中央，手执抄网捞石螺。

石螺，又叫水螺、螺蛳，长在清净的溪河中，四季皆可捕获。

浅水捕获石螺，一般是"摸"。晚清上海《图画画报》，曾连载《营业写真》，俗称三百六十行，其中《摸螺蛳》，有词曰："摸螺蛳，须赤脚，赤脚乃能摸得着。一摸一把螺蛳多，霎时装满篓一只。"

南方人爱吃螺，明代广东状元伦文叙，曾赋诗道："炒螺奇香隔巷闻，羡煞神仙下凡尘。田园风味一小菜，远胜珍馐满席陈。"中秋前后，水螺空怀，腹中无小螺，是吃螺的好时节。民间认为，吃螺可以明目。故中秋月下吃螺，是"两广"地区特有的习俗。明代药学著作《本草汇言》称："螺蛳，解酒热、消黄疸、清火眼、利大小肠之药也。"当代营养学认为，螺肉所含维生素 A，是促进视色素形成的重要物质。吃螺可明目，有几分道理。

炒石螺，螺蛳粉，都是街边大排档的特色小吃。石螺好吃尾难剪，吃螺靠"嗍"，要剪尾透气，剪大漏风，剪小不通，都"嗍"不出螺肉。今市场上卖螺，有"剪尾铡"。

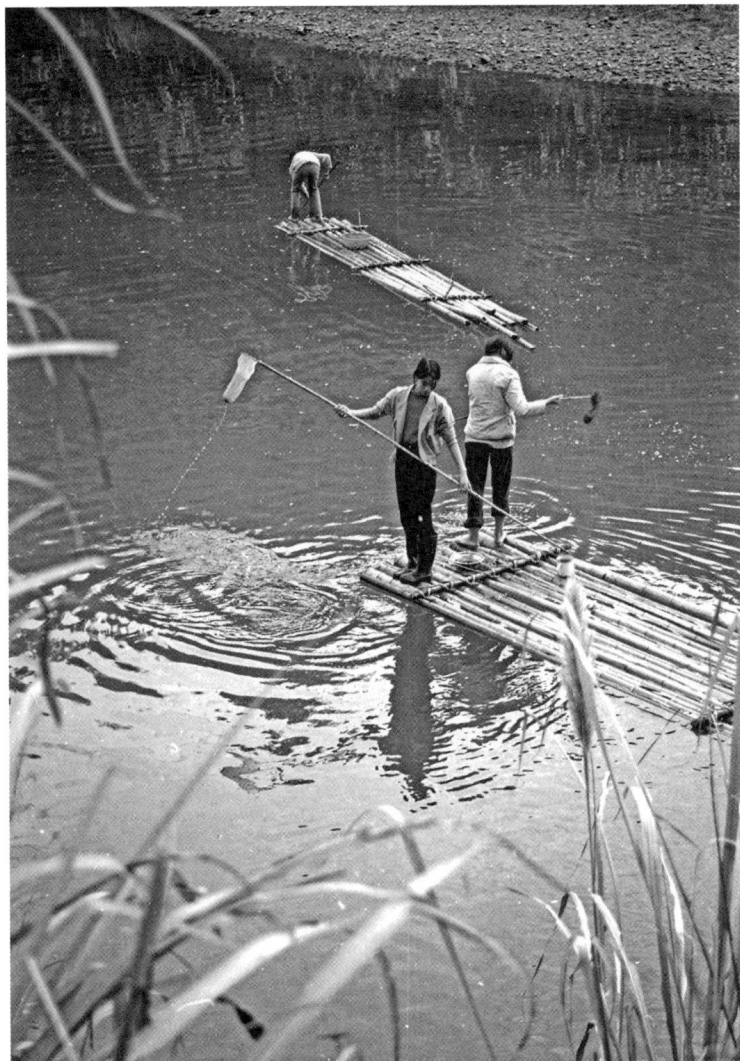

撑竹排捞石螺的村姑
2007 年　广东连州

捞蚬

彼时，清城北江下游，还未筑水坝，洪水一过，河床浅处，水清可见细沙。沙蚬，就在细沙中繁衍生长。沙色黄，沙蚬也呈黄色，故名黄沙蚬。

春分清明时节，蚬肉肥美，且水清沙净，无泥腥味；水浅处，两三米见沙，是铁耙捞蚬的好季节。南岸河床坡缓，捞蚬船疏泊，三三两两，岸上人看捞蚬，唯远观。

黄昏，小艇靠岸，为捞蚬船运输：运来长柄捞耙，排在河滩上；运来鸡笼鸭笼，鸡鸭散放河滩，啄食蚬壳残肉；运来木柴、铁锅和铁皮灶，河滩烧起烟火。疍家用大铁铲，在铁锅炒蚬。生蚬从河中捞起时，壳闭肉藏；均匀炒热后，黄壳纷纷张开两扇，你推我搡。

乍暖还寒，疍家穿上胶皮裤，宽大而笨拙，手握铁铲，把炒开的蚬，铲入大竹箕；之后捧到江中，反复淘洗，使其肉壳分离。

蚬肉卖给酒店或商贩。黄沙蚬肉，味鲜美，富营养，除鲜食外，还可晒蚬干、冻蚬肉、加工蚬肉罐头，或腌制咸蚬。

蚬壳也有用，卖给农家，烧成壳灰，富含钙质，可作农田肥料。靠黄沙蚬，疍家维持一家生计。

疍家来自下游芦苞镇，属三水市，与清远市比邻，船泊无定所，哪里有蚬哪是家。下游大坝筑成后，横拦北江。江水常年充盈，清城段江面，宛若平湖，不见黄沙。水深难探底，如何捞蚬？芦苞疍家从此不见踪影。

小艇运来木柴和铁锅，
准备煮蚬

抱大竹箕，在江水中
淘蚬

2003年　广东清远

鱼笱『装』鱼

灌阳农具节，竹器行，见摆卖竹渔具，篾黄为经，篾青作纬，编成圆形笼子，俗称鱼笱，有大小两种。这两种鱼笱，过去乡村常见，大者称河笱，河溪"装"鱼；小者叫田笱，田沟"装"泥鳅和黄鳝。

河笱长三尺，口阔形似喇叭，颈窄腹大；机窍在进口，设倒梢式漏斗，由阔而窄，鱼可顺入，不可逆出；尾端用篾圈缚住，鱼入笱腹，犹入鱼篓待人烹。收笱时，脱篾圈即可取鱼。

田笱长尺许，状若啤酒瓶，"瓶底"为漏斗口，篾片倒梢与河笱同制；"瓶嘴"作尾，篾圈锁住；鳅鳝虽圆滑，入笱腹亦不可出。

深潭上游，择浅滩急流处，用鹅卵石垒一道"鱼梁"，成Ⅴ形坝聚水，河水汇流于溢口，河笱置其中，喇叭口朝向下游，以石夹颈部，上压大石稳定。河水经喇叭口，流入下游水道，放笱即完成。春夏汛期，鱼类洄游，觅食产卵，溯流钻入喇叭漏斗，奋争上游，即被困笱腹。

泥鳅和黄鳝，昼伏夜出，宜傍晚放笱。挖点蚯蚓，混秕谷捣碎，备作饵料。放田笱简单，水田里先挖个坑，横放笱；泥巴做成碗状，里放饵料，围贴笱腹之外；笱口抹点饵料，泥巴掩埋笱，作个标记，笱放毕。泥鳅、黄鳝闻其味，自钻笱内。翌晨寻标记收笱。

今还用笱捕鱼，说明此地生态环境尚好。

农具节，买河笱

挑选田笱的农民

「地笼」捕虾

北江白庙渔村。江边竹林，挂着一篙篙虾笱，圆筒形的虾笱，进口设倒梢式漏斗，由阔而窄，虾可顺入，不可逆出，其形状和机窍，都似鱼笱。渔民阿聪讲，传统的编织虾笱，今已少人用。为什么？捕虾量少。而今"装虾"，用"地笼"。

坐上阿聪的艇仔，摇摇晃晃，出海（北江下游居民，称江为海，说是古时江涌潮水）收"地笼"。

艇划江心，阿聪找到浮标。一手划艇，一手收"地笼"。所谓"地笼"，绿胶丝编织成网状，一条地笼十个口，能入不能出。"地笼"机织，在渔具店买。

收了五条"地笼"，阿聪划艇靠岸，收虾清笼，清出小鱼，放生回"海"。这段江湾沙底，捕获系沙虾；若在岩边放笼，则捕石岩虾。冬天，虾潜江底，"地笼"要放至十米深；夏天，虾游浅水，"地笼"要浅放。

约莫收获十几斤虾，冬虾瘦小。阿聪讲，时价卖六十八元一斤，如酒楼批量收，五十元一斤。每天卖几多虾，收几多"地笼"，笼中之虾，走不了。

"地笼"中清出数包"赛蚯蚓"——塑料包装的颗粒诱饵，专诱鱼虾，亦在渔具店买。

白庙渔村，今还有几十渔户放"地笼"捕虾。

一手划艇，一手收
"地笼"

北江边的竹林，挂着
一篙篙虾笱

2020年 广东清远白庙渔村

渔卡捕鱼

鄱阳湖边，有个管驿前村，村里有原始的捕鱼工具——渔卡。

进村问渔家：有渔卡吗？有。旋即拿出一盘麻线，线上拴满篾枝，比火柴棒略短。细看，线拴中间丫节，两端削尖。这是钓钩？渔民称绷钩，又叫卡子。卡子如何钓鱼？两端扳成 U 形，套上芦苇筒，筒中谷芽为饵，鱼食饵而苇筒破，卡子弹开，卡住鱼嘴。

当地渔俗，女子削卡子，村里老妪都会。六十八岁的邱雪姣，取出一把封钢刀，刀锋锃亮，用数根带节的小竹丫，在方几木墩上削卡子。她说，十二岁始学，初时手慢，日削几十枚，常割破手指。学快手了，能日削千枚。以前的渔家女，人人会削卡子，自家捕鱼用之外，还卖到鄱阳湖、洞庭湖一带。20 世纪 70 年代，一千枚卡子，能卖十几元。那时值钱啊，女人靠把封钢刀，能撑一个家。

邱雪姣家储物间，仍存有毛竹枝丫，分大、小两种，枝丫中间带竹节，是莲花山的毛竹，存放了几十年。大枝丫削大卡，卡鲤鱼和鳊鱼；小枝丫削小卡，又叫独节卡，卡鲫鱼和黄颡鱼。一盘渔卡，通常拴卡子千枚。

邱雪姣还是姑娘时，就随父亲下江湖"放卡子"，她在船尾划，父亲在船头波浪式牟放，十盘八盘，要放十几里水路。傍晚放，天亮收，能卡鱼四五十斤。今人都用"迷魂阵"（密眼长渔网）捕鱼，谁还用卡子呢？

1. 邱雪姣用封钢刀削卡子
2. 麻线拴上削好的卡子
3. 一盘麻线上拴满卡子，即成绷钩

2019年 江西鄱阳管驿前村

49

晒盐

"天生曰卤，人生曰盐。"《说文》曰："古者，宿沙初作煮海盐。"远古神农时代，宿沙氏"煮海为盐"，被后人尊为"盐宗"。宿沙，或许是氏族部落。如何"煮海"？垒灶架大锅，柴火熬卤煎盐。古代盐民，又称"灶民""盐丁"。有《盐丁苦》诗："盐丁苦，盐丁苦，终日熬波煎淋卤。胼手胝足度朝昏，食不充饥衣难补……每日侵晨只晒灰，赤脚蓬头翻弄土。"

设灶煎盐，费工时，耗燃料，产量又低。元代始，用"晒盐法"，海边滩涂，修建盐田，分蒸发池和结晶池。海水引入蒸发池，日晒蒸发，再提上结晶池，浅晒出盐。至明清，晒盐逐步取代煎盐。

晒盐靠天，光照越烈，盐品越好。盛夏，是盐工最辛苦的季节：纳潮，制卤，结晶，归坨；海风吹，烈日晒，卤水腌；风湿是职业之病。晒盐最怕风暴潮，明代长芦盐运使郭五常，有诗吟叹："晒盐苦，晒盐苦，水涨潮翻滩没股，雪花点散不成珠，池面平铺尽泥土……古来水旱伤三农，谁知盐丁同此楚。"

在粤东汕尾盐田，见到晒盐之法依旧，盐工之苦依旧。或许，古法晒盐工，已到末代。地球之盐，资源丰富，当今科技进步，盐的获取，也不必靠天了。

盐工摇龙骨车提水，纳潮上盐田

结晶池，盐工归坨收盐

2009年 广东汕尾

烧盐

明末清初，盐民诗人吴嘉纪，作《煎盐》绝句，诗云："白头灶户低草房，六月煎盐烈火旁。走出门前炎日里，偷闲一刻是清凉。"盐丁夏日熬波煎卤之苦，一诗道绝。

当代盐工，已无"煎海熬波"，却有"井火煎卤"，其苦依然。

话说四川盐业，素来"水丰火旺"，天然气共卤水一井，以井火煮井水，可得井盐。清道光十五年（1835），世上第一口超千米火井凿成，每日自喷黑卤万余担。同时，日产天然气八千五百立方，可烧盐锅八十多口。井名燊海——燊者，三火木上烧，燃气不断；海者，井卤如海水，汲之不完。

燊海井既产卤，又产气，一井成盐。之后，如雨后春笋，天车林立，周边钻盐井一百九十八口，笕管纵横，锅灶密布。各地盐商，纷至沓来，盐业兴市。盛景一个半世纪，燊海井压力不足，一时停产。后安抽气机，管道供气，八口圆锅，分班煎盐，班产原盐约两吨，晚清水釜，滚沸至今。

井盐生产，工序繁难，井、笕、灶，有专门工匠，需要分工合作。治井者称山匠，设卤笕者称笕山匠，安火笕者称灶头，煎盐者称烧盐匠，等等，工数十种。烧盐匠是最苦的工种，终日守着滚沸的圆锅，颗颗咸汗入盐卤。

八口圆锅，分班煎盐的燊海井烧盐匠
2009年 四川盐都自贡

采松脂

　　进山，路过松林，凡树干向阳处，米余高，都刨去一片树皮，道道刀痕，呈"Y"形，下端，两支竹楔钉入树干，挂个塑料袋，接收滴滴松脂。此为古法采脂，山区常见。

　　遇采脂人，见其割脂刀，V 槽形，口子极锋利。但见采脂人右掌握刀，树干上用力推刻，左推一刀，右刮一刀，即添滴流新槽，手劲真大！松树之间，采脂人乍隐乍现，或两旁荆棘，或一侧悬崖，说是"雉鸡路"。

　　每天形单影只，穿梭于松林间，唯有山蚊、松鼠和雉鸡为伴，或偶遇毒蛇横路。相同的路线，重复的动作，日出之前，手刃千株，日日如是。采脂人说，日出后采割，脂油骤减。

　　或怜惜：松树流脂，会枯死吗？采割恰当，脂能再生，来年流脂更多，采之不尽。又疑惑：松林割脂，政府允许吗？胸径二十厘米，才可采脂，有法有规，依之而采，利国利民。

　　松香是化工原料，在肥皂、造纸、油漆、橡胶等行业应用广泛。读《本草纲目》又知，松香是松脂的别名，有多种药用价值。

采脂人用割脂刀，在松树上刮刻滴流新槽

2008年 广东连山

养蜂

时序孟夏，田野秧苗密布，油菜花、紫云英花和萝卜青花，已犁作大田绿肥；村边的桃花、李花、梨花，纷纷落下。养蜂人告别绚烂之春，租辆卡车，运蜂巢转移，又追逐大山的花季。择山腰开阔处，四五十蜂箱，围作一圈，是蜜蜂的新家；蜂箱侧边树脚下，支起帐篷，搭床垒灶，是养蜂人的新家。

大山杂花生树，蜜蜂在此安家，采的是杂花蜜，美其名曰"百花蜜"。蜂场之地，山清水秀，酿出的蜂蜜，品质才好。养蜂人山野为家，喝溪水，吃野菜，吸新鲜空气，工作不算太辛苦。但常居山野，没电没电视，若在深山，手机信号也没有。遇风雨不能采蜜时，整天待在帐篷里，离乡别井，难耐长期寂寞。山野住帐篷，蛇虫常遇，蚊蚁常扰，风餐野泄，似个野人。若非经济所困，谁愿过这种生活？

花开人来，花落人走。养蜂要追花期，很少常驻一地，各自有养蜂路线，远者足迹万里，奔波半个中国。养蜂人说，粤北多鸭脚木，11月始到花期，鸭脚木花蜜是"冬蜜"，水分少，售价高，迁蜂巢又不远。唉，家乡周边兜兜转转，不想出远门了。

开箱检查蜂群，是养蜂人每天的例行工作

2006年 广东清新

贰

一技之长（上）

打金银

金银，象征财富。民间戴银更普遍，传统观念认为，银饰是灵性器物，长期佩戴，会留下人的密码痕迹，人生波动时，银饰的色泽变明或变暗；佩戴银饰，显富贵，保平安。

幼儿满月庆典，有戴银饰习俗，避邪，降福，排"胎毒"。银制的吉祥牌或长命锁，有童子抱莲、麒麟送子、长命百岁、天官赐福、五子登科、江山共老诸款，寄予长辈对后辈的祝福和期望。

旧时大户女子的妆匣，必有银簪、步摇、耳环、胸挂、手镯、戒指等；即使寒门女子，至少有支素银钗子。银饰伴一生，少女而妇人，妇人而老妪。

明清及民国时期，打金银的行业空前兴旺。

今人佩戴金银饰物，已非财富象征，亦不论祈福避邪，只追求时尚。珠宝首饰店金碧辉煌，时款而新颖，打金银小档相形见绌，光顾者，年迈妇女居多。

走圩市的金银匠李师傅
2006年 广东连山小三江镇

花逾花甲的郑炽林，每天坐街边，敲金打银。郑炽林儿辈五人，两儿承父业，亦在街边设档打金银，金银匠世家，已传承五代

2019年 广东清远

打铜

哒哒哒哒，广州恩宁路143号，每天传来敲铜声。狭窄的"挂墙铺"，约四平方米，挂满了铜器，有铜壶、铜盆、铜罐、铜盅、铜铃……大大小小，重重叠叠，多不胜数。铺号"伟兴"，在鳞次栉比的店铺中，独显灿然，路人总会驻足，后生新奇，老者怀旧。

若逢好日子，会有人借铺面拍婚纱照。

旧时大户人家，锅碗瓢盆，香炉帐钩，整套铜制；小康人家，也有几件铜器。全是手工打制。广州西关，打铜业聚集之地，清末民初，打铜匠多达两千。所打铜器，近销本省城乡，远及南洋各地。光复路一带，曾为"打铜街"。星移物换，时过境迁，打铜铺陆续关门，打铜师傅先后转行。

20世纪末，苏少伟长兄苏广伟，在恩宁路再开打铜铺，后由苏少伟继之。铜铺渐多，"打铜街"又慢慢形成，或高端定制收藏，或低端大众消费，多元发展。而天天长守骑楼打铜者，唯有苏少伟师傅。所打铜器，锤印相叠有序，俗称"锤花"。西关铜器，一体成型，驳口厚实，不打磨锤花，行业中称为"粤派"。

苏师傅长年打铜，肩宽臂粗掌大，时年六十有五，壮如中年。

苏师傅天天长守骑楼打铜
2019年 广州老西关

打
铁

父亲打铁，父亲的父亲也打铁，父亲的父亲的父亲大概也打铁。于是，十六岁的少年扔掉课本，抡起大锤继承祖业，父亲就是师父。

农耕社会，打铁匠是乡村八大匠人之一，村头镇尾都有铁匠铺。地里的犁耙、锄头、镰刀，家里的锅、铲、刀、钳，都出自铁匠之手。

铁匠人生有"三难"：一是穿新衣裳难。终日与火打交道，锤点落，火星溅，浑身衣裳即成马蜂窝。二是剃头净面难。铁屑扑脸入发，剃刀遇粗脸，豁口卷刃。三是相亲娶妻难。四季烟熏火燎，脸似黑包公，鼻孔像烟筒，人黑家穷，哪个姑娘不爱"白、富、帅"？

时代变迁，科技发展，日用铁器，或机器锻打，或不锈钢替代，铁匠之业，难以为继。

父子打铁铺
2000年 广东连州

木工之解匠

解匠，又叫锯匠，属木匠行。旧时，木匠手艺繁杂，再细分，为房工、细木、解匠、水旱车等，手艺专攻，师门有别。解匠，其实是开料木匠，用大锯将原木"解"成板材。细木匠运作之前，须由解匠分解筒木，成木方或木板。

解匠两人搭档，有平锯开板，亦有上下拉锯。解匠有两把锯：龙锯断木，横锯解木。还有弹线的墨斗、量木的尺子和律木的斧子。

龙锯又叫断锯，一米五长钢片，弧形，宽而厚，两头各装横把手，比单手锯规格更大，锯路亦更宽；锯条横向，垂直于锯把上，便于两人平拉。筒木横卧于地，解匠两人各执锯把，或坐或跪于两头，牵拉龙锯，先断木成段。

解板，才是关键工序。解板前，用木头钉个架子，齐胸高，要平稳，俗称"木马"。解匠把圆木段抬上"马"，用粗长码钉固牢，再量厚度分板，弹墨线。一左一右，对准墨线来回拉扯横锯。解板动作重复，枯燥单调，易疲劳，不自禁，就哼哼。你一声"嗨咗"，我一声"嗨呀"，声从鼻孔出，相互哼和，嘴巴张着喘气。哼着哼着，一块木板解完。抽支烟，喝口水，又再解。

俗话说："解匠怕木匠，木匠怕漆匠。"解匠所解木板平直否，木匠一刨就知；而木匠手工光滑否，漆匠上漆便知。

两人搭档，平锯开板
2002年 广东连州

木工之大木匠

传统木匠，造楼房者，叫"粗木工"，也称"大木匠"；做家具者，叫"细木工"，也称"小木匠"。

大木匠建楼房，不需施工图纸，不用制作模型，"脑有成楼"。柱、梁、枋、檩、椽、桷，诸构件皆在"木马"上完成；之后榫卯连接，凸者为榫，凹者为卯，榫卯结合，精妙神奇，变化无穷。榫卯结构的建筑，无钉子，无胶水，是我国传统建筑文化的精粹。

大木匠合作建楼房，其中，必有一位"掌墨师"，即掌控墨线的师傅。从堪舆择址、谋划设计、奠基垒座、构件加工到掌墨放线、立柱起架、上梁封顶、营造监督，掌墨师全程负责，是主建"总工程师"。

掌墨师以竹"墨签"，在木构件上作"号"标记，称作"鲁班字"。每座木建筑，只有一种"鲁班字"，那是师承的"墨师文"，唯本团队的大木匠，才能看懂。

当代建筑，高楼广厦，传统的营造法式，难担重任；而混凝土预制件，施工流程更简便。唯仿古木结构建筑、干栏式木楼，尚留大木匠施技之地。

大木匠在"木马"上做木楼构件
2003年 湖南宁远

大木匠建造木亭
2018年 贵州榕江

木工之圆木匠

木匠行业，分方木、圆木，箍桶属圆木行，水桶、澡桶、马桶、脚盆、锅盖之类生活用品，凡是圆形、木制，都属圆木行干的活。手艺要尺寸精确、接缝密实，是精细活。谁说箍桶为"匠之末技"？

箍桶多用杉木，先要做好桶底板。桶壁板扇形，上大下小，三五寸宽，同厚薄，共长短。桶壁板的奥妙，在于计算圆周率，箍桶匠有"一尺直径三尺板"的口诀，土法计算。

桶壁板之间，竹钉相连，围桶底板一圈。俗话讲："有竹无杉难成桶，有杉无竹箍不成。"有竹钉连接，桶箍断，桶仍不散。之后上箍。木桶底小口大，上箍的"秘诀"就在其中：竹篾编成桶箍，从桶底套入；用木片沿桶口方向轻敲，越敲越紧；如此这般，敲上下两道箍，至适当部位，篾箍换成铁箍。锯齐桶底，小刨子抛光，桶底和桶帮间的缝隙，塞麻丝，抹油灰。晾晒几天后，过几遍桐油，桶方成。

卖盆桶时，圆木匠师傅定会叮嘱：使用前，或长时不用，要先装水浸透，越浸箍越紧。

若夸圆木匠师傅手艺精，师傅便嘿嘿一笑，连说简陋，"旧时造马桶，两头小，中间大；大桶套小桶，大盖又小盖；三道铜箍，再上红漆。那时圆木匠的手艺，才叫精。"

圆木匠箍木桶箍锅盖
2002年 广东清远

木桶木盆箍好后，再用桐油刷涂
2002年 湖南洪江

木工之风柜木匠

　　新稻将熟，圩场上，就有新风柜摆卖。风柜，清选谷物的农具，有很多别名：风车、风扇车、飙扇、扬谷器，尺寸也不一样，因时制宜，因地制宜。记得，生产队体制时，风柜是集体财产，较大，要两个壮劳力抬。分田到户后，风柜属农户，便造小了，因为，只有"两亩三分地"的稻谷。

　　今之风柜，与明代《天工开物》所绘的"风扇车"的形制尺寸，几乎相同。其制：木质，右边为圆形风腔，内装风扇，扇叶六片，薄板为之；风扇木轴与风柜体，以轴承连接，木轴一端装摇把；风柜顶部是大漏斗，漏斗底有阀门，以调节漏斗开口的大小；漏斗下方，设两个斜出口，下可放置一担篾箩，分别接住饱满和半饱满的谷粒；左边是长方形风道。

　　风谷时，摇动摇把而生风，风柜顶漏斗里的谷物，通过斗阀穿过风道，饱满和半饱满的谷粒，分别落入两个出粮口；糠秕杂物，沿风道飘出风口。

　　造风柜的木匠，手艺要求高，整架风柜无铁钉，全用榫卯，严丝合缝。卖风柜的木匠说，一架风柜，可用几代人，上百年。

木匠师傅街边卖风柜
2000年 广东英德九龙镇

造木船

　　话说赣州，有条古浮桥，名东津桥，始建于宋乾道年间。浮桥长四百米，一百多艘木船并束，以缆绳相连，接通贡江两岸，是城乡之间的纽带，故学名叫惠民桥。商船往来，每天定时"过河拆桥"。

　　浮桥边，泊有四艘新木船；河滩树荫下，搭简易工棚，见三位造船匠，或锯板，或打凿，埋头造船。

　　造船师傅言，木船船底用老杉木，三十年树龄以上，材质结实、有韧性，所造之船，才吃水浅、浮力大、能载重，而且坚固耐用；船体、船帮、船舷，是栎木造。船造好，要用竹麻丝、石灰塞缝，防漏水；船体内外要抹桐油，反复三遍，防腐，桐油干透后，方可下水。

　　造木船工序繁复，工棚却没见图纸。师傅说，凭经验。

　　江西盛产木材，南宋时，洪、吉、虔三州官办造船场，立定格例，日成一舟，年造船超千艘，占据宋代半壁江山。

造船匠为浮桥造木船
2004年 江西赣州

石刻

渭南频山之阳，有独立山系，形似凤凰展翅，名凤凰山，唐中宗葬主峰地宫。后世皇家祭扫，在山下建行宫。朝代更迭，行宫变集镇，得名"宫里"。凤凰山为青石岩，其石细腻、墨青，世称墨玉，可镌字、琢磨。山南麓一带村庄，石刻手艺世传。

凤凰山访石匠。走进凤凰村，家家门前屋后，都有石狮、石鼓、石礅。见村民于屋旁，以方铁条敲铁笔，修饰石狮。村民姓陈，四十有六。陈师傅言，十八岁始学石刻，祖传不知多少代。言及学艺，无文无图，唯知工艺分线雕、浮雕和圆雕，凭眼手，靠悟性。刻一对石狮，小者数千，中者万五，买家上门，刻不应求。相邻村庄，户户亦农亦匠。石料皆山上产，粗坯机刻，细雕手工。

宫里镇至县城富平十余公里，沿途露天摆满石碑楼、石牌坊、石狮、石像……目不暇接。资料显示，全镇有石刻工艺厂一百多家，石匠数千名。

富平石匠有"铁笔圣手"之誉，曾名扬天下。唐代柳公权、颜真卿、褚遂良等名家石碑，皆由富平名匠专刻；元代石匠赵信，刻而优则仕，被封为陕西石刻行"提领"，曾领两百石匠进京六年，留下大量名胜古迹。

凤凰村石匠陈师傅正在修饰石狮

定陵朱雀门遗址，唯存一尊唐代石匠雕刻的石狮

2018年 陕西富平宫里镇

77

刻碑

2018年清明时节，连州城隍街，路过"刘瑞利碑石店"，见陈师傅埋头刻碑。店里显眼处，摆块石，上刻《清明碑石歌》："清明时节雨纷纷 / 山上行人觅祖坟 / 试问失踪何处揾 / 请君来到老字号 / 刻块碑石就易寻。"碑石歌七言五句，不合传统诗歌格式，街坊路人议论纷纷，无意间，都记住这"百年老字号"。

旧时，"刘瑞利碑石店"在水桥老街，经营碑石雕刻和木屐。当年，小陈高中毕业，便入"刘瑞利碑石店"拜师，学刻碑手艺，学刻碑规矩——吉日、黄道、鲁班尺。

初学刻碑，刻师傅的摹本。师傅去世后，小陈传承碑石店，但毛笔字写不好，便请退休教师写碑文，自己刻。小陈是有心人，以刻刀代毛笔，临刻老师的字，一笔一画地琢磨。有空，还用毛笔在纸上临摹。刀临笔摹十几年，小陈变老陈，终于写得一手好字，得街坊认可，能自写自刻，成了名副其实的刻碑师傅。

在碑石店，摆着一排瓷相，是已故伟人。陈师傅说，碑石店拓展新业务 ——用电脑成像机制作瓷相。

2018年秋，再路过"刘瑞利碑石店"，店主又易小陈，是老陈师傅之侄。小陈师傅刻碑，已不用刻刀，电脑排版，机刻，无须雕刻技艺，也无须书法功底，唯黄道吉日鲁班尺，依旧讲究。

清明时节，陈师傅要赶工，埋头刻碑
2008年 广东连州

制陶

农家多陶器，大者缸瓮，中者坛埕，小者瓶钵，款式各从方土，故此，乡间多陶匠。

制陶虽说是泥水之活，却要经晒土、春土、筛土、踩泥、羼料、锯泥、揉泥、拉坯、阴干、粘接、锤坯、施釉、磨光、打章、烧制等，诸般工序繁杂。明代科学家宋应星在《天工开物》中说过，制陶瓷"共计一坯工力，过手七十二，方克成器。其中微细节目尚不能尽也"。

插图所摄粤地"酸浸缸"，四川叫"泡菜坛"，其形状两头小、中间大，坛口外有坛沿，为封口水槽，虽为廉价日用品，但坛壁均匀，里外施釉，温度隔绝，坛沿用水密封，且美观大方，以手工制作，非新手学徒可为。

烧陶多用龙窑，依山坡建筑，以斜卧似龙而得名。龙窑出现于商代，其时的龙窑，既烧印纹硬陶，又烧原始青瓷，陶瓷同窑合烧。今南方不少地方，仍用龙窑烧制陶瓷器。

陶与瓷，除了原料、釉料之别，还在于烧成温度不同，陶器烧至800℃即成，烧瓷器温度则要1200℃以上，人贵瓷而贱陶。

民间陶匠拜宁封子为祖师爷。传说黄帝时，宁封子是掌管烧陶事务的"陶正"，能积火自焚，随烟气而上下云云。其传说始见于《列仙传》。

今都市陶吧，在玩不在器，非陶匠之所。

陶匠打制"酸浸缸"泥坯
2000年 广东清新龙颈镇

烧砖

砖瓦窑可烧砖，也可烧瓦；或砖窑烧砖，瓦窑烧瓦。同理，其工匠可称为砖瓦匠，也可分别叫砖窑匠或瓦窑匠。

民居垣墙所用砖，制法古今无异：牵牛践踏练泥，备为坯料；平地做砖坯，要反复弯腰，砖窑匠就挖个坑，人站坑里，身前成工作平台；铁线大弓切坯料，"啪"一声摔进模中，铁线小弓轧平其面，出模成砖坯；砖坯码放阴干；装窑时，窑底须通风，均匀流通；烧窑七八天，看火靠经验，火大易变形，火小烧不透；火候到，即用旧砖、泥浆封窑门；一日后开天窗，日减一砖，七日为期；砖冷却后出窑。

砖或青或红，为何？青砖淋水冷却，水成蒸气，阻隔气流，窑内缺氧，砖坯便还原成氧化亚铁，呈青灰色；红砖自然冷却，窑中空气流通，氧气充足，砖坯的铁元素被氧化成三氧化二铁，呈红色。青砖抗风化，耐水性好，但能耗高，产量小，难以机械化生产，价格高于红砖。

时兴"洋楼"，钢筋水泥框架结构，砖只是墙的填充物，青砖红砖，质优质劣，似乎不大要紧。当代建筑砖，趋向轻质、空心、大块，灰砂砖大行其道，偶见一壁红砖墙，或青砖墙，只作为装饰元素、文化符号，以慰怀旧情结。

1. 砖窑匠牵牛践踏练泥　2010年　广东佛冈水头镇
2. 装窑点火后，窑工轮流值班，两人一班，昼夜不停　2005年　广东龙颈镇
3. 砖窑匠站在坑里打砖坯　2010年　广东佛冈水头镇

烧瓦

耘泥压片，以圆桶为模做瓦坯：大瓦用大桶模，四等分界，脱模为四片；小瓦筒用小桶模，两等分界，脱模为两片。瓦坯成型，就地晾干。叠坯装窑，燃薪烧窑，小窑或一昼夜，或数昼夜；大窑呢，要连续烧半个月。之后浇水转釉。工艺数千年如一。

瓦窑匠长年赤脚耘泥、踩瓦坯。泥巴反复踩踏，至均匀柔韧，才能烧制出好瓦。好瓦的标准是密度高、硬度强。瓦窑匠说，这批瓦筒，或许是最后一窑了。因为，添新瓦的顾客，不为造新屋，只为祠堂和老屋修漏。修漏能要几片瓦？

西周初期，始烧板瓦和筒瓦，自此有瓦屋。战国时期，屋顶普遍用陶瓦，改变了茅草结庐的生活环境。至秦汉，出现了"秦砖汉瓦"的辉煌：秦瓦不只素面，还以植物纹、动物纹和云纹饰之，瓦当出现小篆文字；汉代瓦当艺术达到高峰，青龙、白虎、朱雀、玄武四神瓦当，为其代表作。

两千多年来，殿阙之瓦涂金，寺塔之瓦抹翠，民居之瓦烧青，鸟瞰天下，皆鱼鳞瓦排，行复行。盖屋顶舍瓦其谁？

砖瓦木结构建筑体系，称霸至20世纪中叶，之后混凝土与钢结构建筑出现，楼更高，厦更广，水泥业兴，瓦窑业衰。不为蔽日晒，不为挡风雨，只为仿古装饰，瓦的功能日渐消失，瓦窑匠陆续转行。

瓦窑匠大瓦叠坯装窑
2006年 广东龙颈镇

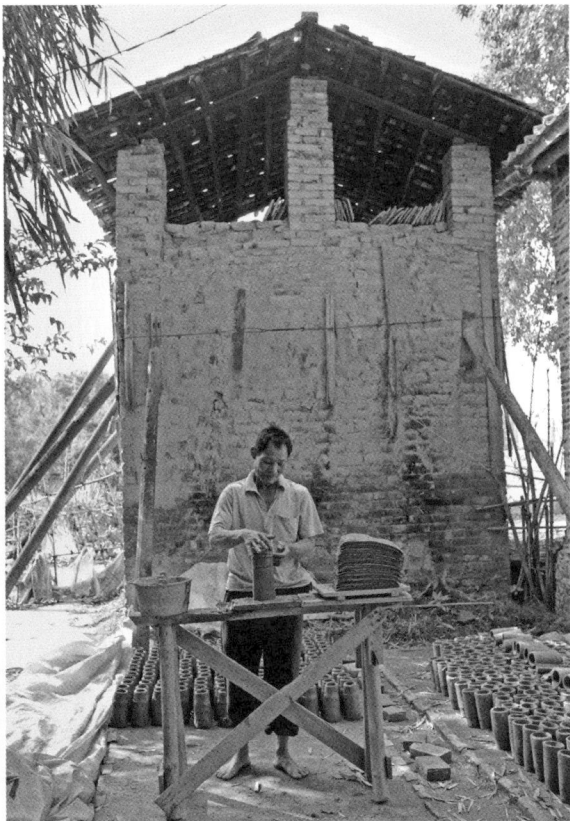

瓦窑旁，瓦窑匠用泥坯做小瓦筒
2010年 广东清远

烧石灰

"千锤万凿出深山，烈火焚烧若等闲。粉身碎骨全不怕，要留清白在人间。"这首诗写的是什么？都知道是烧石灰。石灰曾是常用建筑材料。今建筑墙壁已不刷石灰，刷立邦漆，刷乳胶漆，或刷硅藻泥；混凝土只混水泥，不混石灰。

石灰，由石灰石煅烧而成，成本低廉，原料分布广，生产工艺简单，是人类最早应用的胶凝材料。

烧石灰先采石。初无炸药，靠"千锤万凿"：顺石纹凿缝，打木楔入缝，之后灌水，木楔遇水膨胀，撑裂石缝；小楔换大楔，再打入，又灌水，石裂成大块，锤成小块。后有炸药，采石两人配合，悬崖峭壁上抡锤打钎，凿出炮眼；装填炸药，以雷管引爆，是苦累且危险的行当。

煤炭和泥作饼，之后垒石作窑：煤饼在下，上垒青石，一层石头，一层煤饼，垒至数米高；粗铁线箍木板，稳固窑身；黄泥浆敷窑外壁，阻火外蹿，也保窑温。

自下发火，层层自焚，看火候全凭经验，焚烧八天十天不等，烧成生石灰。降温后出窑，呛人的生灰，蔽日的粉尘，石灰匠苦不堪言，是故，易患矽肺和肺气肿。

土窑烧石灰，污染环境，工人也苦累，属落后产能。渐渐，石灰土窑消失，立窑、回转窑取而代之；燃料不仅是煤炭，还有焦炭、重油和液化气。

石灰匠垒石作土窑，用煤烧石灰
2000年 广东连州

烧土锅

云南哀牢山下，有个花腰傣村寨，寨名叫土锅。寨子很小，十几户人家，不足百人。为何叫土锅寨呢？原来，此寨家家设有小作坊，手工烧制土锅。说是土锅，实为土陶，煲状的土锅之外，还有土壶、土罐，都是黏土烧制而成。

村边屋后，岭脚地头，凡土皆黏。取土时，剔去石粒杂物；之后，晒、舂、筛；添沙，水和，揉成泥团，置之屋角备用。

制陶者皆妇女，女人手巧，泥条捏捏揉揉，盘筑造型，沾水抹平裂缝；左掌卵石滚内腔，右握木板拍外壁，转眼间，为锅、为壶、为罐，初成坯形；竹片刀轻削坯口，湿布抛光；用刻纹木方，轻打陶坯外壁，印下鱼刺纹，印纹与新石器时期陶器相似。

陶坯阴干两三天后，即可焙烧：择块空地，先铺层稻草，挑来陶坯，罐口斜上朝外，大件在下，小件在上，码放稻草面，说是利于排烟，且受热均匀；再铺层稻草，上铺瘪谷或粗糠，撒些草灰；然后点火烧，火烬为止。停火后，余温散尽，即可"出锅"。

土锅可煮食，可煲汤，可煎药，还可盛凉开水。赶街摆卖，大的四十元，小的二三十元。

土锅寨老规矩，"稻烧陶"技艺，传女不传男，传媳妇不传女儿。

1. 荫处晾土锅
2. 制作土壶陶坯的年轻媳妇
3. 露天烧土锅的妇女

2008年 云南新平县嘎洒镇土锅寨

谱师

谱师，即修谱师，专事宗谱梓辑。

宗谱梓辑，即用木活字印刷宗谱，指整套工艺。至清代，江浙、福建一带，木活字梓辑宗谱风行，谱师成为民间职业。旧时梓辑宗谱，担着数十斤字盘，走村过寨入祠堂，之后梓辑食宿，都在祠堂，少则数月，多至半年。还要上门收集族人资料，行话叫"开丁"。

民间梓辑宗谱，排版遵欧、苏二公遗式，分别由北宋欧阳修和苏洵创立。欧式为横行体，"前图后甲*"，便于应用；苏式是垂珠体，"五服支图"，一目了然。各有特色，或"意欧体苏"，取长补短，谱师随主便。

盛世修谱，瑞安今仍有谱师百人。其木活字印刷术，入选国家级"非遗"；联合国教科文组织将此项"非遗"列入世界级，急需保护。

吴魁兆十六岁学艺，拜东源谱师王朴如为师，梓辑为业四十余年。

吴师傅与王志仁谱师，合开梓辑作坊。王师傅刻木活字，棠梨木为字坯，质细腻，不易腐；反手字，老宋繁体，横平竖直，横细竖粗，棱角分明，刷印檀木熟宣上，尤显古朴端庄。其源自北宋，明以降，曾为官方字体，以其印制宗谱，气派庄重，存放远久。

作为木活字"非遗"传承人，王师傅亦带徒。其徒有大学生、中学生，亦有小学生，他近到温州、瑞安，远至北京、上海，进校园授徒。手艺，终归要传下一代。

---

* 生卒甲子等人物事略称为"甲"。

谱师吴魁兆口诵歌诀，对谱拣字

谱师王志仁刻老宋体反手字

2019年 浙江瑞安东源村

雕刻

韶陂村"宪章冯公祠"，潘师傅正为"门神"上色。两位"门神"，右尉迟恭，左秦叔宝，皆为唐朝名将，百姓敬之为神。"门神"先浮雕，后上色，灵动而传神。公祠横匾和楹联、屏风和神台，也是潘师傅雕刻的，村民都夸他手艺好。

潘师傅是雕刻匠，既刻木，又刻石。在地方上有些名气。修宗祠，刻碑石，立村碑，四处有人请。偶尔做点官方工程，公园碑刻之类。潘师傅忙得不亦乐乎，自称"石林客"。民间雕刻匠，要全才，客户有求必应：作对联，撰碑文，创作壁画，是常事。要善书画、知文辞、懂格律，更要知民俗。见识如通书，生意方好。

潘师傅小时候，兄妹多，都读书，供不起，小学五年级，就"带头"不上学，自学雕刻和书画。

潘师傅不烟不酒，靠手艺，在镇上建起新楼，楼下兼工场。儿子帮忙开机裁石，却不乐意传承木刻、石刻手艺。受其父影响，长女大学读"艺术与设计"专业，全是西洋表达，其科班出身，更不愿屈身民间为雕刻匠。毕业后，长女在广州开传媒公司，想拉弟弟过去帮忙，还在广州买套房，请两老来享清福。潘师傅数十年技艺，渐入佳境，舍得收手吗？离乡背井，不是"潘师傅"的日子，也过不惯。

祠堂大门，潘师
傅为雕刻的"门
神"上色
2018年 广东连州

泥塑

何人何胆，高立神台，直面神佛？工匠而已。为何毫无顾忌？因为，神佛由人塑。人神共襄，没有工匠，何来神佛？

看师傅塑神佛，数根木方，几捆稻草麻布，一堆泥土。究其工艺流程：先挖深层生土，无杂质，有黏性；用木方钉骨架，扎稻草，包麻布；之后配制塑泥，或粗或细，添棉花和麻筋，增其韧性；再上泥塑像，修整后开相；上漆灰，再磨光，贴金绘彩；最后罩漆。塑一尊泥像，少则半月，多则半年。

择吉日，开光后，泥菩萨即成神佛偶像，接受信众焚香上供，磕头许愿；无言承诺，为人消灾降福。

泥塑工匠，其功夫，化腐朽为神奇；其技艺，师傅口传手授；其作品，无名无姓无落款；其地位，不能成为雕塑家，更无人树碑立传。

莫道泥塑工匠没文化，天文地理，阴阳八卦，皇天帝主，行业祖师，天庭地府，神仙妖魔，东土达摩，南海观音，十八罗汉，三十六饿鬼，无所不晓，无所不通，如此，方能塑出三界万象。

今国泰民安，佛道弥昌。处处建寺庙，塑神佛，信众虔心高供；村村修祠堂，敬先贤，后代奉香于前。泥塑工匠之业，依然前景广阔。

泥塑工匠为神佛贴金绘彩
2006年 广东清远飞霞山

造弓箭

中国弓箭史，若追溯，可至旧石器时代。弓箭射程远，杀伤力强，冷兵器中尤显优势。因此，古时弓箭兵，比例高达40%。

先秦时期，造弓箭的工匠有分工，"弓人"造弓，"矢人"造箭。航母时代，还造传统弓箭，唯京城"聚元号"。当年，"聚元号"先祖随八旗铁骑，踏破山海关，入主北京城，住皇宫，吃皇粮，拿六品俸禄。

"聚元号"第十代传人杨福喜师傅说，祖上造箭矢，其羽以雕翎为上——带风"硬"，天鹅翎、猫头鹰翎次之，大雁翎又次之。如今，它们都成珍稀飞禽，要保护。怎么办？用法国鹅翎替代，但鹅毛软且轻，箭矢飞行，轨道易偏。

箭矢的镞，俗称箭头，先秦手工艺专著《考工记》，有详尽描述。杨师傅认为，手工艺只能传承，书上记载，不一定准确。箭镞种类繁多，射人、射马、射帆、射灯笼、射重甲、射动物，都不同。如祖上造宫迷箭，宫廷卫队用，圆箭镞，杀伤力很小，只起威慑作用。

今"聚元号"造弓箭，还按季节选"六材"，工序两百道，与《考工记》技艺，大同小异。弓箭多私人定制。

至于连发弩，类似机关枪。杨师傅演示，连发数矢，射程数十米即力衰，无杀伤力，机巧虽工，却非兵器，防窃工具而已。

弓箭匠杨师傅反复研究箭矢
2008 年 北京

制墨

　　松烟和油烟，制墨两大原料。近墨者黑，黑兮兮的制墨工人，古称"墨工"。制墨虽为粗重工，却是文雅事。

　　明人陶宗仪《辍耕录》载：唐明皇为抄写经、史、子、集，太府每季供给书手的上谷（今河北易县）墨，计三百三十六丸。产墨之盛，于此可见。此时出现了许多著名墨工，如奚鼐、奚超、祖敏、陈朗、王君得等人。《辍耕录·墨》条末，附历代墨工姓名。

　　罗列一串串墨工的名字，无非是说明，墨工世代传承，留名者众多，天下百工，绝无仅有。

　　汉代始制墨，唐末至清，名工辈出，明清鼎盛。清代墨业四大家，绩溪占二，即胡开文和汪近圣，"天下墨业在绩溪"。1915年，胡开文"地球墨"获巴拿马万国博览会金奖。2006年，徽墨制作技艺被列为国家级"非遗"保护项目，其代表性传承人，也在绩溪。

墨工制墨
2010年 安徽绩溪县

根雕

回观当代盛世，温饱之后，啜茶之风渐兴。老板宏图大展，红木巨案大班椅，其侧，必有座精雕茶几，名木巨根。多少生意事，都付饮茶中。至于平头百姓，宅舍益宽，则辟茶室，置茶案，小树根雕，玲珑宜家。于是，根雕茶几市场兴焉。

根雕矮几，今成流行茶案。楠木、紫檀、黄檀、红檀、红榉、花梨、香樟、龙眼、荔枝，树粗根老，皆可为之。若论市价，有三五千，三五万，乃至八万十万，为何？还看材质，又不唯材质论。俗话说"三分材质，七分造型"，材质之外，更在态奇形巧。

殊姿异态，为首选树根；从中看天然要素，诸如形态、纹理、节疤、凹洞之类，依形度势，因材施艺；再取舍、雕琢和磨制。巧借天然，无迹可寻，浑然一体，方为上品。

灶边废柴，工地弃根，朽木亦可雕也。化腐朽为神奇，变平凡为非凡，需大胆构想，平中寻仄，改其生态。节疤雕笑佛，曲根饰游龙，若能见巧，则功在根雕匠。

根雕为艺，故称根艺，凡根，皆可为材。小者杖头、笔筒、佛柄，中则如意、镜台、衣架，大至长案、高几、屏风，随形赋物。

根艺是门老手艺，溯源远久。根艺又是一门新兴手艺，市场广阔，巧匠难求，新徒仓促捉刀。试比千家根雕茶几，无论豪堂，抑或陋室，妙品少而俗物多。

根雕匠雕刻龙头茶几
2007年 广东连州

搭棚

建豪庭广厦，或筑大道宽街，先居陋棚。陋棚简陋，是工地临时居所。居陋棚者，吃大锅饭，睡大通铺，是生活亦简陋的工人，故称工棚。偶尔，陋棚也住督促工程进度的承建商，或深入基层的官员——这陋棚就不叫工棚，叫工程指挥部。

搭棚工的装备极其简单，屁股后吊把篾刀，腰际挂扎篾条。民间把搭棚工、泥水工和木工统称"三行"，都尊鲁班为祖师。搭棚行业也拜有巢氏和华光两位祖师，有巢氏搭架见技巧，华光祖师三眼有灵光。

民间红白喜事亦搭棚，称喜棚、白棚；都市防寒避暑亦搭棚，叫暖棚、凉棚；城乡庆典活动亦搭棚，名彩门、灯棚。乃至国家外交谈判亦搭棚。1953年，朝鲜战争停战，中、朝、美三方代表要谈判，专请北京的搭棚工，在板门店搭个"谈判棚"。

搭棚工匠不仅搭棚，更为建造楼房搭排栅架，故又称架子工。楼越建越高，厦越建越广，当代建筑工地搭钢架，不搭竹架；搭设材料亦非杉篙、竹竿和篾条，而是钢管、夹具和螺丝。今架子工高空作业，靠勇，更需智，技能已不从师承，而受专业培训，其职称设初、中、高三个等级。

搭棚匠，架子工，其职业粗重而高危，旧时今时都如此。

搭棚工以茅竹搭建临时工棚
2007 年 广东阳山

103

翻瓦

　　南方传统民居结构，或土木，或砖木，多布青瓦。青瓦又叫阴阳瓦，布瓦俯仰相承，鱼鳞般相叠，形成排排瓦沟和瓦楞，雨天，雨水顺着瓦沟往屋檐流下。阴阳瓦排雨又透气。

　　风吹日晒雨淋，叠瓦难免碎裂，或因滑动而错位；瓦顶年久，必有积土、树叶或枯枝，堵塞瓦沟，遇大雨便倒灌瓦缝。因此，就须请翻瓦匠，上屋顶翻瓦查漏，清除杂物。

　　翻瓦这行当，技术含量不高，但要胆大心细，有畏高症者不敢干这行。上顶翻瓦前，先入屋观察：椽条，桁条，哪段断，哪段朽；哪行瓦片出现漏眼。心中有数，才上屋顶。

　　弓腰踮脚，轻踏椽条或桁条，找到朽断处，换木条，修钉好。再翻出漏雨瓦片，好瓦仰盖，坏瓦俯盖。

　　若瓦屋漏点多，须将屋顶瓦全翻。就要请三五翻瓦匠，分工合作，掀瓦，接瓦，堆瓦，互相传递。之后，用扫帚清除积泥、杂物，将残破瓦片换下，添新瓦，再重新布瓦。布毕，须重做瓦楞和屋檐。

　　至于青砖大屋、庙宇祠堂，还有瓦当、滴水、脊瓦等瓦件，要照原样恢复。

　　今高楼广厦、洋楼别墅如雨后春笋，青瓦民居渐少，翻瓦匠自然也少见。

一群翻瓦匠，分工合作，递瓦，传瓦，铺瓦，互相配合

2002年 广东英德

刮塑

刮塑匠踩着单车，肩挑高脚凳，右手把车，左手扶凳，穿行在城市的马路上。他刚离开的地方，已成新居亮室；他要去的地方，是下一个装修工场。单车尾的硬塑灰桶，以及桶里的抹子、棕刷、刮板、油灰刀和阴阳角器，是刮塑匠的"全副身家"。

刮塑匠与水泥灰粉打交道，天天如此，邋邋遢遢是其常态形象。操业邋遢，工程却不邋遢，完工后的居室，间间洁净明亮。

刮塑，粤语的叫法，有些地方叫刮腻子，是城市室内装修的新兴行当，20世纪末兴起。之前，都无私宅，公屋多是灰砂批荡墙，或裸露砖墙。腻子替代灰砂，刮塑替代批荡，之后，再涂墙漆，这是日子越过越精细的需要。

何谓刮塑？去掉多余者曰刮，增补不足者曰塑，与雕塑同理。不同之处在于：一、刮塑是装修工艺，雕塑是造型艺术。二、刮塑匠一般叫张师傅、李师傅或老张、老李，雕塑师则称为张老师、李老师或张老、李老。三、刮塑时价约为每平方米（包工料）3元。雕塑呢？羞于说钱，一说便俗，只是现在慢慢受市场影响，雕塑也"注重经济效益"了。四、刮塑质量靠街坊口碑，雕塑水平则靠评论家评论。

刮塑匠踩着单车，肩挑高脚凳，转换装修工场

2001年　广东清远

钉马掌

马蹄底下，钉块 U 形铁，叫钉马掌。马掌——马的角质皮，由两层构成，上层为活体角质；下层是坚硬角质，两三厘米厚，与地面接触。钉上马掌，犹如马穿上鞋，耐磨损。马一般两岁起，每年"换鞋"。

如何"换鞋"？掌匠先备好马蹄形铁掌，还有铆钉，铁掌上开六七孔眼，以便插铆钉。若遇不驯之马，要专人牵，甚至绑腿。钉掌时，把马小腿提起，弯曲，拆卸旧马蹄铁；用铲刀修整新长角质，剔除多余，露出"蹄白线"；打磨边缘，至平整；安铁掌于蹄上，铆钉扎入铁掌小孔，用锤子打进，要钉在"蹄白线"外围，不伤及马蹄活体角质。看官，不必担心钉痛马蹄，角质层无神经系统和血管，钉掌时，马并无感觉，相当于做一次美甲吧。

钉好铁蹄后，打磨铆钉突出部分，防止自伤或伤人，且使马蹄铁和马蹄更契合。钉上马掌，马蹄就变成了铁蹄。

掌匠有专门技术，欧洲人尊称"马掌师"。1904年，比利时便设立钉马掌学校，之前，钉马掌课程归属兽医学校。另据《环球时报》2005年的报道，布鲁塞尔也有钉马掌学校，在校生一百五十多人，学制三年，学生不但要掌握打铁手艺，还要懂马学、生理学等相关知识，欧洲不少马掌师都出自该校。

钉马掌，须三人合力
2004年 云南嵩明

磨刀

有一条儿童谜语，谜面是："骑着它不走，走着不能骑。"打一种工具，谜底是"磨刀凳"。干活时，磨刀人"骑凳"；干完活，磨刀人扛起凳就走。

见师傅坐这磨刀凳，与众不同：亦凳亦箱，有四脚，这头是磨刀架，两块磨石，分粗砂细砂；那头是骑座，背安挂叉，可搭块水布，也可挂个小桶；凳板下是工具箱，装着锤子、戗刀、钢锉、水刷、小铁砧之类。

磨刀，就是磨各种刀具，包括切菜刀、开瓜刀、裁衣刀、斩骨刀，也磨剪刀。切菜刀天天用，刃部易钝，就需要戗薄，刃薄刀快。戗菜刀先看刀口，辨钢的软硬度，硬的用砂轮打，软的用戗刀戗，然后石磨。刀戗好后，先磨粗砂石，再磨细砂石。边磨边淋清水。磨好的刀，刀口直如线，是条黑线。

有的师傅不戗刀，用手摇砂轮磨，虽省力，薄厚也均匀，但刀身遇热退火，减弱钢性。磨剪比磨刀难。两片剪刃相交，磨剪时，剪刃与磨石的角度，是技巧关键。磨好后，试剪刃咬合，过紧累手，太松不快，连接中轴，要松紧适度。

磨刀人今已罕见。家用的菜刀、剪刀，都是不锈钢，产品成套，不贵，也不易磨，用钝或豁口，与其去磨，不如换新。若不嫌麻烦，买个快速磨刀器，也就几十块钱。

师傅骑坐磨刀凳磨刀，
干完活，扛起凳就走
2002 年 湖南洪江

阉鸡

粤人吃鸡有四论：一曰生鸡，即公鸡，民间有"生鸡鲤鱼返积"之说，故吃生鸡者少；二曰鸡项，戏称"鸡姑娘"，宜批量养，遍及市场，故吃者众；三曰鸡乸，就是下过蛋的母鸡，多做"鸡乸煲"；四曰骟鸡——公鸡长至斤重，刀割弓张而阉之，从此赤冠萎，不晨啼，懒争斗，不骑母鸡，日见肥胖，温顺如太监。

骟鸡肉嫩皮爽，七八斤重，称"大线鸡"，宜奉神祭祖，又宜送礼作人情。

为公鸡做绝育手术者，乡村谓"阉鸡佬"。逢圩，"阉鸡佬"裤腰间必缠一布包，至家禽行，布包摊地，阉具有四：刀、撑、线、勺（或夹），外加一杯水。农家公鸡初长成，纷纷提笼围拢。

"阉鸡佬"伸手笼中捉鸡，把鸡翅交叉，左脚踩翅，右脚踏爪；左手拔光鸡肋部一片毛，右手取阉鸡刀，沾水于鸡肋下一划，小竹片将刀痕撑开小口；小勺入腔，翻出鸡子，用线圈套住，捻线拉扯几下，小勺掏出鸡子，放入水杯中；掰开鸡嘴灌几滴水，鸡阉好了。

"阉鸡佬"笑道：鸡皮狗骨都贱，不用包扎，不用缝针。

阉鸡是古老行当。宋诗"区别邻家鸭，群分各线鸡"，元曲"线鸡长膘，绵羊下羔，丝茧成缲"，都写作"线鸡"。线掏鸡子，是古老的阉鸡手艺。乡村阉鸡手艺，家族内口手相传。

"阉鸡佬"集市阉鸡
2001年　广东阳山县水口圩

阉猪

餐餐肉，多为猪肉。但你想过吗？这猪肉，非公猪肉，公猪肉腥膻；亦非猪㹠肉，猪㹠肉皮厚，肉糙；而是去性的"肉猪"肉。未满两个月的猪崽，快戒奶了，若不留作配种公猪，又不留作繁殖的猪㹠，即阉为"肉猪"。所谓"阉"，即睾丸或卵巢切除术。

欧阳师傅阉猪，一刀一绳一凳而已。但见，两人把猪崽倒捆条凳上，师傅摸猪崽下腹，找准部位，一刀划下，腹压猪体，"猪生肠"即从小创口中弹出，一刀摘除，刃不见血。之后解绳，放猪崽入笼，伤口无须处理。

欧阳师傅说，这段"猪生肠"，就是猪崽的子宫和卵巢。阉割了的猪，性情驯顺，牙虽锋利，也不足为害。阉割后的猪，会长得膘满臀肥。

阉鸡常见，阉猪少见，为何？猪养九月，始发情。今人规模养猪，讲效益，发情期未到，即出栏。今见阉猪，是农家自养的土猪。

祖传阉技，欧阳十六岁继承，走村入场，既阉猪，也阉鸡，至今，三十多年了。所用阉具，都自制。一把阉猪小钢刀，尾端带小圈，何用？撬猪崽虎牙，以免咬伤猪㹠奶头。

欧阳师傅的阉猪工具
2018年 广东连州

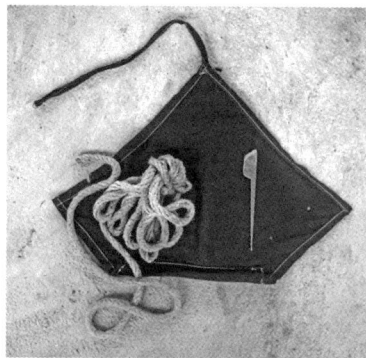

一刀一绳，欧阳师傅在条凳上阉猪
2018年 广东连州

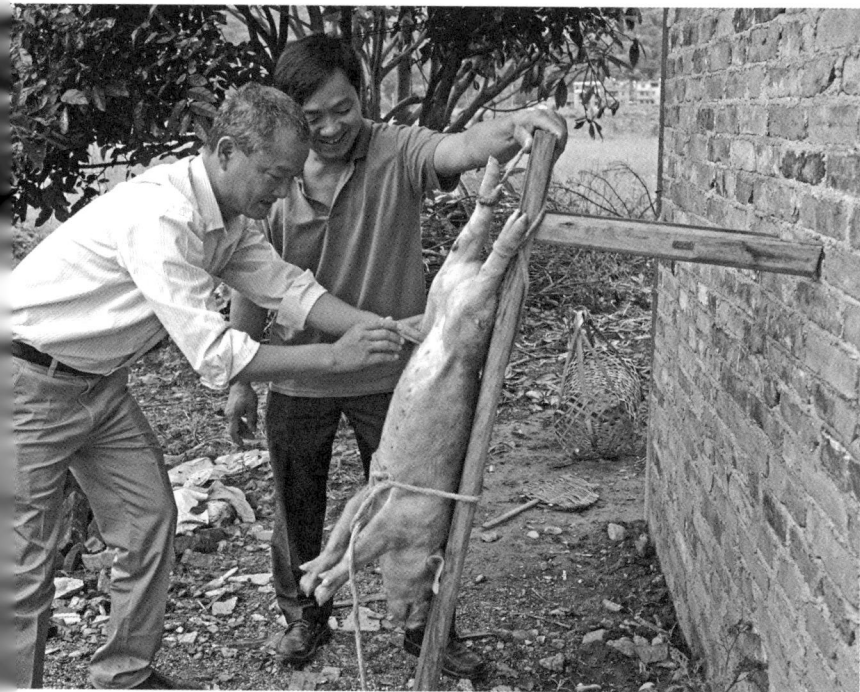

锔碗

常言道："没有金刚钻，别揽瓷器活。""金刚钻"与"瓷器活"发生因果关系，源自一门老手艺，今人多不知。过去，农村破个瓷碗、瓷瓶，舍不得扔，就找锔匠修补，补好还用。如今，谁还用补碗裂瓶呢？

渭南市富平县流曲镇，找到锔匠田更武师傅。田师傅花甲之年，在镇上开眼镜行，修配眼镜。见我远途而来，即搬出个木箱，从箱里逐一取出工具，用个破瓷碗，为我演示锔碗技艺。当地人说"锯碗"。

田师傅坐小凳，膝上蒙块厚布，先将破碗用绳捆牢；取竹杆钻，弓弦绕钻杆两圈，钻头沾点唾液，碗裂缝侧定位，拉送竹杆钻孔，像拉二胡，说"锯碗"更形象；缝另侧再钻孔，对应成双；执小榔头敲扁细铜丝，截成"把子"，状若钉书针；"把子"套入裂缝两侧小孔，小榔头轻轻铆紧；沿缝均匀铆"把子"；缝上有个小缺口，铆个"贴花"。石灰调鸡蛋清，抹于碗缝及钻孔，补好了。六个"把子"，一枚贴花，个把小时工夫。

田师傅说，收费论"把子"，过去，一个"把子"收五分钱，饭碗价廉，不贴花。"锯碗"工具全自制，买粒金刚钻石，谷粒般大小，再打成各种钻头。又说，家种五亩地，是农民，赶集设档"锯碗"，是副业。1970年后，顾客渐少，偶尔补个老瓷器或紫砂壶。爷爷传下手艺，至我三代。今列入渭南市级"非遗"保护，每年有一千元保护费，打算申报省级"非遗"保护。

临走，田师傅之子田斌，递我一张名片，后面印的经营范围，电脑验光配眼镜之外，还有"锯碗"。这是第四代传人。

"锔活"分粗细，田师傅的"锯活"，属"粗活"。"细活"呢，是锔文物级别的瓷器。锔补修复行，曾形成河南、河北、山东三流派。河南派是弓钻；河北派为砣钻；山东派叫皮钻，三条皮绳，求旋转平稳。都是金刚钻，技法大同小异。

锔匠田更武师傅演示锔碗技艺
2018年 渭南富平流曲镇

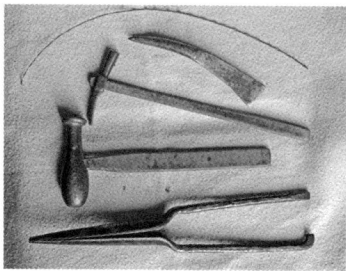

锔碗工具

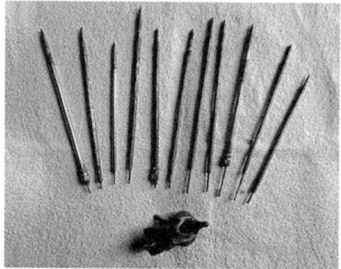

各种规格的金刚钻

锔补好的瓷碗

补缸

台州紫阳古街旁，见一大陶缸，补纹纵横交错，似铁路，像地图。今还有人补缸吗？市民告知，此地缸多，无论城乡，每个家庭都有缸，水缸、米缸、咸菜缸、存放年糕的大缸。黄岩区高桥镇，过去补缸师傅多。今改高桥街，不知有没有人做这行。

都知，江浙人过年，惯用大缸浸存年糕，长者存放数月，所以，家家备有大缸。过去，酒厂的酒缸，酱厂的酱缸，染厂的染缸，都专设工匠补。

来到高桥，街头巷尾，院落屋后，补过的陶缸，或大或小，随处可见。几经周折，问到溪岸村（属高桥街道辖区），找到了补缸师傅朱小冬。据说，村里原有十多个补缸匠，唯有朱师傅还在补缸。朱师傅七十三岁高龄。他说，二十岁就跟师傅学补缸。刚好，屋前有只大缸待补，你们远道而来，我做个补缸示范。

先将大缸横卧，找到裂缝，沿缝开浅槽；小锤轻敲钢锥，槽两旁开小孔；"蚂蟥钉"插入小孔，沿缝码紧。朱师傅说，补缸价钱论码钉，一个码钉，收两元。码好后，水冲净槽里粉末。之后，调配黏合材料：生铁粉＋水泥＋盐水；生铁粉先过筛。往槽里填补黏合材料，待干，缸便补好了。朱师傅说，又可再用七八年。

补缸是门技术活，视力要好，才能找到细微裂缝；有时，还得敲缸辨声，听听是否有裂缝，补缸匠，听力也要好。朱师傅说，如今，当地的木工师傅，或泥水匠，一天工钱，至少七八十元，比补缸高。都是手艺人，谁还愿补缸呢？我这手艺，恐怕要失传了。

"最后一个补缸匠"，各地都有报道，谁？哪天，才剩最后一个补缸匠呢？

朱师傅屋后补大缸
2006年 浙江台州高溪岸村

补锅

圩边僻角生炉火，纷至来漏锅。妇摇风箱炉渐红，夫倒碎铁入坩埚。坩埚生铁化成水，锅漏细打磨。

见那炉匠：左托厚粗布，撒垫炉灰层，灰中拨按小凹坑；右捏小坩勺，铁水注入凹。眼快不如手快，炉匠稳托铁水，对准锅漏处，"刺啦"一声，飘出小股淡白烟；右手急换厚油布，贴附冒烟处，上下拧压。眨眼间，铁水凝固，抹些油灰，漏眼即补好。

炉匠师傅说，补锅无他，眼利手快，铁水一凝固，前功即尽废；还要手稳，手抖铁水晃，易烫伤手。

面对镜头，炉匠之妻连连说，屋檐揾食，失礼人，有什么好拍？

补锅虽小技，百姓饮食，头等大事咧，有何失礼？值得拍之记之传之。

补锅炉匠，俗称小炉匠。非轻蔑技小，是说其炉小。炉匠亦如铁匠，拜太上老君。何也？老君炼丹八卦炉。民间俗话，都是烧炉子冒烟的行当。

遥想当年，一出《补锅》，唱红全国。这出湖南花鼓戏，唱本是：女青年刘兰英，找了个补锅匠，"屋檐脚下蹲，一脸墨黑尽灰尘"。刘母轻其没出息。丈母娘，来补锅，巧遇准女婿。"革命工作是整体的，七十二行都重要"，大道理讲得生硬，花鼓小调却脍炙人口，故流传至今。

今之补锅匠，也随时代改手艺，或焊电炒锅，或修电饭煲。走圩市的补锅小炉匠，难得一见了。

妇摇风箱炉渐红，夫托铁水补锅漏

2006年　广东清远

换煲底

换煲底，街坊都找老陈。新历逢0、4、7，洲心圩，老陈就摆街档。洲心一街和福堂街交会，成十字路口，老陈夫妇街边摆地摊，锑煲换底。广东人讲"锑煲"，其实是铝质煲。若问，今还换煲底？换个新煲，也不用多少钱。不在底层生活，不知钱难来，更不知惜物。

某圩日，行至街口，见陈师傅怀抱个大锑煲，轻敲新上煲底，使其与煲壁吻合，煲壁煤黑。陈太则为中煲剪底，以换新。旁边，两位街坊候着，闲聊——

"搭公车过海（当地人称北江为海），到洲心圩，就为换个煲底。旧城那边找不到师傅了。这锑煲，一年用一次，端午煲粽。换个底，煲就长命过我。我今年七十三。"

"我的锑煲大，也用来煲粽，开饮食店，煤灶日夜不熄，损煲，两个月又要换。"

换煲底简单：剪去穿孔漏水煲底，煲壁向上卷道边；新煲底也卷道边；两边相套，锤拢，抹灰。两煲换完底，大煲收费四十，中煲二十五。无客时，夫妇俩各自看手机视频，都是粤剧，各看各的。

平日里，陈师傅夫妇都在"生记铺"。临街小铺，十平方左右，侧有偏间堆放材料。铺招写着：生记 / 换煲锑底 / 白铁制品 / 加工零售，最后是手机号码。铺狭窄，却摆两张大木椅，有点奢侈，专给"上帝"就座；无客时，才有街坊过来闲坐。墙角电视柜，天天播放粤剧。无锑煲生意时，夫妇俩就敲些白铁日用品，浇水壶、漏斗之类，单靠修补，难搵食。老陈讲，以前，每年敲白铁壶嘴上千对，都是杂货铺订做。而今，农民很少担桶壶淋菜了。

街坊老黄退休，常来"生记"，闲坐木椅"吹水"，说老陈是修理世家，老窦（父亲）手巧，会修钟，会修单车，还会修汽灯。老陈埋头敲白铁，手不停，用鼻音嗯嗯地应着。老陈也过花甲，换煲底敲白铁，也有四十年工龄，却没有退休。同人不同命。

陈师傅怀抱个大锑煲，轻敲新上煲底；陈太则为中煲剪底，以换新

2018年 广东清远

焊白铁

焊白铁匠走街或入村，挑副担子，其标配：一头为小火炉、焊锡和松香钵，因此，焊白铁师傅也叫"小炉匠"；另一头是工具箱，内装铁剪、木锤、丁字砧、焊烙铁，还有白铁皮。师傅边游走，边吆喝："焊白铁——壶噢！"白铁壶漏，不仅能焊补，还可换底。

塑料和不锈钢日用品，逐渐普及，白铁制品随之失宠，焊补白铁的生意也清淡。小炉匠偷师学别艺，或独自钻研，慢慢进入修理匠的地盘。顾客的手电筒不亮，就修理手电筒；顾客的门锁、单车锁失灵，就承接换锁芯锁簧业务；路人的雨伞打不开，就修理伞骨……小炉匠变成了万能匠，似乎什么都会修理，其工具箱，增添了胶钳、锉刀、螺丝刀和钥匙模。

手艺越多，生意越差，到底为什么？当代物丰，今人富足，不时尚的物件尚且更换，用损之物，谁还修修补补？

祖先惜物传统，并非落后的生活方式，是世代可持续发展的良好习惯，物丰富足时代，仍须惜俭。但愿修理行业的工匠，经营还好。

焊白铁师傅，兼修电筒、修
雨伞和配锁匙手艺
2002年 广东英德浛洸镇

叁

一技之长（下）

编斗笠

斗笠，又叫笠帽，既挡雨，又遮阳。主要用作雨具，故又叫雨帽。《诗经》有"何蓑何笠"的诗句，可见，斗笠世传久远。

斗笠曾经普及城乡，人手一顶，是生产、生活之必需。制笠业曾兴旺，公私合营前，清远县城，就有"穗和祥""鸿新祥"等十多家帽铺，都是老字号，经营的斗笠，远销东南亚地区。

如今，城镇已很少人戴斗笠；乡村耕作时，或戴斗笠，多为年长者。

图中编斗笠老者，清远二轻制帽厂退休篾匠，三代相传编斗笠。老者说，手中编织的尖顶大斗笠，叫"二金利"，身后的圆顶小斗笠，叫"池水笪"。明清时期，清远滨江地区设"池水司"。"公社化"时，附城公社一带，尖顶斗笠叫"大帽公"，笠面过桐油，卖得贵。雨天数人行，戴"大帽公"必是长者。还有一种尖顶斗笠，叫"金山遮"，从毗邻的肇庆贩回清远卖。这些，都是农村人戴的斗笠。城里人和"公家人"，则戴圆顶油纸斗笠，笠面印有红五星，还有口号，如"为人民服务"，或"要斗私批修"。

岭南斗笠，多以竹篾、竹叶为原料，上下两层，竹编成菱形网眼，中间夹竹叶，或油纸。形制不外尖顶、圆顶两种。精编者，加竹青细篾滚边，笠面上桐油。

田间耕作，野外挑担，还是斗笠方便。斗笠一时不会绝迹。

退休老篾匠，街边编斗笠
2001年 广东清远

编竹篓

我国西南地区，山高坡陡路崎岖，携物不便挑担，山民习惯用背篓负物，甚至装娃。出门人背一篓，成地方景观。

编制背篓，是山民的副业。多选毛竹，三年龄为宜，秋冬斩竹，水分少，防虫蛀。各地背篓，因用途不同，有抛背，有密背，有凉背，造型各异。编织过程同样复杂：开竹剖篾，均篾；篾片盘圆底；篾丝绕圈，圈圈挤压，不留缝隙；且编且按压，逐渐成型；越往上编，圆圈越大，呈敞口状，形如喇叭；之后，打钎、底边加固、穿笼骨、锁口、编背带，等等工序，一项都不能少。编个背篓，要两三天，卖价不足百元，赚的是辛苦钱。

背篓编织，有粗有细。粗工背篓，耕作工具，要结实耐用；而细工背篓，开篾宽窄一致，厚薄均匀，编压密实，篾青篾白，相间成图案。

在湘西，"背篓民俗"独特：女儿出嫁，娘家要编织"洗衣背篓"，作为嫁妆；小孩满月，娘家必送"儿背篓"，作"祝米酒"之礼；"花背篓"则是姑娘"赶集篓"，小巧精美，薄囊细篾，饰篾染色，染料为青核桃壳，间编花纹，篓成漆桐油；至于耕作背篓，又有"米背篓""盐背篓""菜背篓"诸种。

1. 编织背篓　2003年　湖南凤凰
2. 背载小童的"儿背篓"　2012年　重庆
3. 赶街卖自编背篓　2004年　云南昆明

编草席

唐代以前，还没桌、椅等高架家具，只有矮小的几案，"席地而坐"，必须用席子。藤条、蒲草、秸秆、芦苇或竹条，都可编织席子。《诗经》有"下莞上簟，乃安斯寝"诗句。莞，即莞（蒲草）席；簟，即簟（竹）席；两席都是卧具。下莞上簟，方可安寝，有点奢侈，所咏者，是王室。至西汉，莞席已是百姓家居用品。湖南长沙马王堆汉墓出土的座席，经考是莞席，或来自广东的东莞。

我国有两个东莞，一南一北，都曾盛产莞席。

清代《广东新语》载："东莞人多以作莞席为业，县因以名。"又据史料载，东莞厚街镇，是岭南莞席交易的最大场所。

山东日照市也有东莞镇，《汉书·地理志》载：琅琊郡有东莞县；唐初废郡为镇。专家考证，山东的东莞，古代盛产莞草和莞席，故而得名。

中国之大，蒲草和蒲席不限于东莞生产。譬如，始产于宋代的肇庆草席，其原料是当地出产的蒲草。蒲草晒干后，经过挑选、舂平、漂洗，即可编织。肇庆草席有白席和花席之分，以白土、金渡出产的蒲草为上品，而编织质量，则以细密无接草者为佳。肇庆草席至今仍是手工织，织席妇女有十万之众。

妇女手工编织草席
2006年 广东肇庆

编笊篱

笊篱，又叫罩篱，粤语较特别，叫炸厘，从文字上考，都有道理。笊篱为传统烹饪器具，先是篾编，或柳编，后有铁丝编，网状，勺形，带竹木把手，两三尺长。烹饪时，在汤、油中捞出食品，需用笊篱。如，汤捞面、捞饺子，油炸糍、炸豆腐。我国城乡，无论南北，笊篱都是寻常物。

笊篱是祖宗旧物，亦不知传了多少代。北魏贾思勰《齐民要术》记载，做饼就需用笊篱："拣取均者，熟蒸，曝干。须即汤煮，笊篱漉出，别作臛浇。"

古时物件，就地取材。笊篱二字，都从竹，南方竹编；北方不产竹，产柳树，就用柳条编。

编织笊篱是门手艺。曾看篾匠编竹笊篱，一把锯，一把篾刀，工具虽简，工序却繁：先锯裁毛竹，为三尺竹筒；篾刀削平竹节，破开竹筒，成若干竹片；篾刀开篾，去骨，留篾青、二黄；篾青细长作纬，二黄宽短为经；排开经篾，穿入纬篾，压一挑一；边织边添篾，转弯处扭篾收边；收经篾，回穿藏头；安上竹柄，竹笊篱方成。

20世纪50年代，铁丝普及，粗粗细细，各种规格。把两根铁丝，拧作花状；圈圈发散，编成网状；铁钳锁边，剪断铁丝，就成铁丝笊篱。相比篾编、柳编，其孔更大，漏水更快，且耐用。手工编铁丝笊篱，易学，旋即遍及民间。

手编的铁丝笊篱，挑
往圩市上卖
　2002年　广东三坑镇

用毛竹手工编织笊篱
　2002年　湖南洪江古城

编草虫

一后生默坐街边，凤尾竹片在他手里，折叠、剪裁、交织，神奇般似活物，弓篾串之，插杆上：蝴蝶翩然，蜻蜓翼然，蚱蜢跃然……个个绿生生、活颤颤，栩栩如生。引路人围观，啧啧称奇。之后，或成儿童手中玩物，或是姑娘案头摆件。

继续孤然默坐街边，折叠、剪裁、交织，手不停作。一分钟，两块钱；一把剪刀，几支缝针，不需成本，只卖手艺；不为儿童时代的追忆，只为生计而自食其力。

公园广场、街头巷尾、校门塾侧，以及庙会庆典之处，常可见编"草虫"卖手艺者。

竹草编昆虫而鬻，古而有之。清末《营业写真》，写民间各行业营生，图文并茂。其中有《卖草虫》图，配以俚词："谁将蒲壳来撕破，灵心巧把草虫做。蚱蜢螳螂纺织娘，活像何妨买几个。莫笑中国手工劣，造作玩物推独绝。聪明误用剧堪怜，若在西人便不屑。"此词差矣，曾在欧洲拍摄过《卖草虫》，西方人对中国手艺，亦啧啧赞叹。

街边孤坐，凤尾竹片
编"草虫"
2000年 广东清远

编蓑衣

急风斜雨，骨伞难挡，人披蓑衣，翘翼于街市摆卖，其威如披甲将军，亦作活广告：宽肩披，长裙衣，风雨人安然。

每件棕蓑衣，分上衣与下裙：上衣叫"蓑衣披"，圆领，前开襟，由棕绳系牢，颇像古代妇女的坎肩儿；下裙称"蓑衣裙"，犹如时尚女子的吊带裙，两条棕绳吊肩上，裙腰大，可随意摆动，挑担走路都便利。

南方多雨，农民田间劳作，蓑衣和斗笠是配套雨具，"青箬笠，绿蓑衣，斜风细雨不须归"，我国南方，以及日本、韩国、越南，曾广泛使用。蓑衣和斗笠，是古老的雨具。《诗经·无羊》有句"何蓑何笠"。何即荷，用今话讲，就是"披蓑衣，戴斗笠"。20世纪70年代，防水布雨衣面市，或胶布，或油布，或塑料薄膜，色彩缤纷，轻便又时尚。蓑衣逐渐被替代。

编织棕蓑衣，用棕榈树皮的纤维，故又称棕蓑。卖蓑者言，编一件蓑衣，工序十余，数数有采棕、撕棕、湿水、搓绳、阴干、揉搓、造型、穿绳、封领、连缀、晾晒等，全是手头功夫。

蓑衣棕编，为何叫"蓑衣"呢？原来，蓑衣起源于蓑衣草，又名"龙须草"，纤维长，拉力好。如今，还有农家用蓑衣草编织蓑衣。

耕田农民渐少，蓑衣又能卖多少？唯有老一辈人，还用蓑衣。

集市设摊卖自编蓑衣，身披蓑衣作活广告
2004年 云南东川

做雀笼

夫妻同姓，共做雀笼，都是黄师傅。丈夫黄国洪，少年始，白天耕田，晚上跟舅父学做雀笼。之后，用编织袋，装十只八只，坐班车至广州，连新路摆卖。城里人才有闲情玩雀。

"沙河雀笼"技艺，广州传入，20世纪六七十年代，只是农民的副业。后发展迅猛，全盛时期，家庭作坊上千，每月逢七之日，雀笼交易成"天光圩"，商贩云集。

分田到户后，黄国洪夫妇始专做雀笼。千户竞争，如何胜出？遂另辟蹊径，精制细雕，走高端途径。

"广笼"要靓竹，黄国洪上山挑竹。四五龄茅竹，不老不嫩；七八月砍竹，不干不湿。刨青修韧性，晒晾调湿度；湿者见阳，燥者润水；伺候个把月，竹色金黄，光泽灿然，绝无虫蛀。

夫妻潜心攻艺。夫制笼体：竹圈五十二孔，孔孔对等；竹条五十二弧，弧弧对称。圈孔竹条，搭配精致，浑然天成。妻雕笼饰：三十余柄刻刀，钢条磨制；锐刀刻花纹，回环连续，丝毫不差；弧刀刻花瓣，瓣瓣生姿，竹纹犹存。手工精准如激光镂机。

雀行收藏界，口碑相传，订制客户，纷至沓来。夫妻合作的雀笼，获中国工艺美术文化创意银奖。有人求合作，但手工技艺，无法批量生产。绣眼小笼，或画眉大笼，做一个兼雕花饰，至少半月，虽值万金，亦发不了财。黄师傅收徒十余，坚持者仅两人。

妻子黄桂娇雕镂笼
饰，丈夫黄国洪制
作笼体
2019年 广东清远

瓷画

瓷都景德镇，制瓷从业者以十万计，其中画工，少说也有两万。

景德镇民间老话，画瓷称作"画红"，彩绘兼售卖的店铺，叫"红店"，画工被称为"红店佬"。画工素坯作画，从画线、填色到写意，都有分工，或釉下画青花，或釉上绘粉彩。手绘师傅的"画红"水平，看绘画造诣，亦论从业时间。

最高级别的"画红"师傅，称作瓷画工艺美术大师，作品独树一帜，技法和创意都达较高境界，人有江湖地位，其作品署名还附证书；瓷画师次之，手绘经验超十年，技法娴熟，与大师相比，稍缺神韵；瓷画工众多，手绘数年，可独立作画，常常批量绘制。

制瓷业诸工种，都有"花名"，赤膊烧瓷的叫"窑里佬"，赤脚踩泥拉坯的叫"坯房佬"，"红店佬"与之相比，显然更干净、体面，收入也较高。但凡有条件，当地人都送小孩学瓷画。女孩性灵，且有定力，入"画红"行拜师学艺者亦不少。

"画红"学徒三年，从素坯"画线"始，用毛笔蘸青花颜料，先练直线，再描缠枝莲、祥云纹，学徒期满，方能"圆器画坯"。何时出师，还看个人的刻苦程度与悟性。

历代多少瓷画工，笔蘸钴料，终生埋首素坯，默默无闻。今有了职称平台，画而优则师，师而优则大师，终有名与利之追求矣。

瓷画工 "圆器画坯"
2003 年 景德镇

墙皮画

俗称墙皮画，雅称壁画，顾名思义，就是绘在墙壁上的画。手绘墙体画，卑称画匠，古今人不留名，画或传世。赫赫如敦煌莫高窟，手绘壁画五百洞窟，历时逾千年，幅幅遗作传世，代代画匠无名。

画匠祖师吴道子，唐代壁画家，少孤贫，年未弱冠，即"穷丹青之妙"。先任县尉，后辞职，流落民间作壁画，因善画又被召入宫廷。长安、洛阳寺观，吴道子作壁画三百余堵，创兰叶描笔法，世称"吴带当风"，后世尊为"画圣"。

常行走岭南乡村，见宗祠墙画，非本宗族显赫史，却是李白的《夜宴桃园》、杜甫的《醉中八仙》，或是王羲之的《白鹅换字》、田氏兄弟的《三田和合》；门楼绘《紫气东来》《天官赐福》《八仙祝寿》；书院画《孔子讲经》《岁寒三友》《金榜题名》。旧时乡村文盲多，墙皮画工匠，则要通"文墨"。

"文革"墙皮画盛行城乡，政治宣传画是主体，墙墙"红海洋"，壁壁"红光亮"。20世纪80年代，政治运动结束，墙皮宣传画衰落，残存遗迹，后成旅游景观。

之后，城市"创文明"，乡村"建美丽"，旧墙皮要绘新图。画匠是谁？墙绘涂鸦团队，墙体彩绘公司，美墙义工。新壁画运动热闹，但粗俗者多，文雅者少。

民间画匠创作墙皮画
2003年 山西五台

画匠绘制建筑外墙装饰图案
2004年 江西婺源

碳粉画

碳粉画，也叫碳精画，以碳精粉为绘材，碳铅笔辅之。

画师依照1寸或2寸照片，依样画葫芦。碳粉画吸收西画明暗之法，渲染皴擦而成，不见线骨，又称擦笔画。其技法状形酷肖，宜作肖像，类似于柔光镜黑白人像摄影，却又异于西法素描，不遵循光影法则，为精于西法素描者不屑，讥之为画匠。

但行行出状元。民国时期，广告画革新者郑曼陀，将碳粉擦笔技法结合水彩技法，创造出一种新画法——擦笔水彩法，并以此法绘制月份牌画，或历史人物，或摩登女郎。早期擦笔水彩月份牌画，以其为代表人物。

碳粉画虽难入艺术殿堂，然百姓喜其细腻柔和，逼真如照片，兼不褪色，可存百年。相机和照片冲扩技术尚未普及前，碳粉画风靡一时，碳画师遍及城乡。

19世纪末叶，照相术渐兴，20世纪末，数码相机进入家庭，艺术人像摄影、婚纱摄影，亦遍布大街小巷，碳粉肖像生意日益萧条，偶有光顾者，亦只为放大先人遗像。

少数碳粉肖像画师仍坚守街头，画领袖伟人像，画明星美人像，作为幌子，使尽浑身解数与照相术做最后的顽抗。然手艺岂敌科技？大势毕竟已去。

碳粉肖像画行业，其兴也勃，其衰也忽。不过百年工夫。

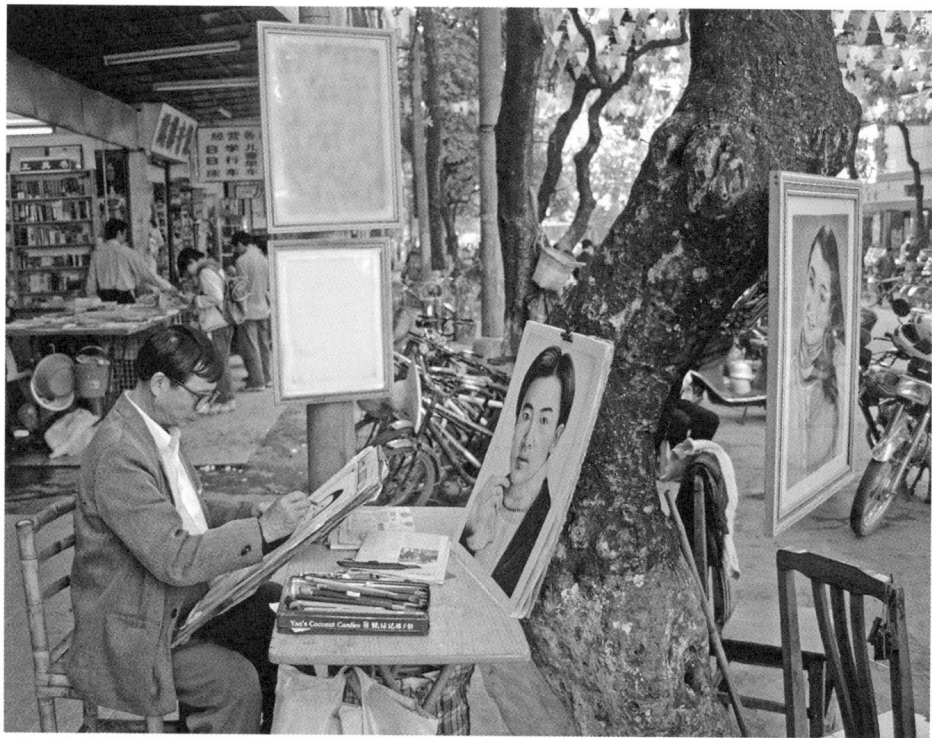

碳粉肖像画师坚守街头，与照相术做最后的顽抗
2001年 广东清远

手刻印章

巷口一角，见刻章小摊。所谓摊，一台一凳而已。所谓工作台，其实是夹板小箱，底空。台面上摆满物件：章坯、磨石、刻刀、小尺、铅笔、圆珠笔和小纸片。板箱四周，写个"章"字，黑体大红，引人注目。刻章师傅坐凳上，右手枕膝捏章，左手操刻刀，埋首躬身。身后"刻章"招牌，亦黑体大红，字间贴支付二维码。

刻枚私章，价八元，要等半个钟，边等边聊。问贵姓，西早覃。问贵庚，一花甲……

当年，小覃乡下上学，时兴墙壁刷红标语，就习写美术字。慢慢，对篆刻产生兴趣，找些字帖，依样画葫芦，习字又练刀法，还学会"正字反写"。

市场渐开放，小覃游走街边，流动设摊刻章。那时，私章证明身份，领工资、取汇款、收包裹、办证件，都要盖私章。覃师傅的刻章小摊，亦随之而旺。

"时间就是金钱"的年代，必讲效率，电脑刻章应时而生。办事又时兴签名，百姓私章，可有可无。唯民间合同、金融信贷，还需盖个私章。覃师傅日益拓展篆刻业务：闲章、书画落款章、教师评语章、个性卡通章、开光转运佛经章……使尽浑身解数，生计却难以为继。

转眼间，小覃变老覃。梧州"中国骑楼城"，手刻印章仅剩两摊。覃师傅坚守的理由：手刻印章防伪，无法克隆。

巷口一角，见刻印章小摊，一台一凳而已

2018 年 广西梧州

写墙字

晚清《营业写真》，写墙字被列为"江湖百业"之一："墙上写字真登样，任尔书家写不像。不过间架结构尺寸呆，所以不称名人称字匠。字匠学得一技专，东涂西抹易赚钱。不比书家反而无出息，砚田恶岁恨年年。"

标语口号宣传，墙体最佳。明朝李自成起义，写"盼闯王，迎闯王，闯王来了不纳粮"；清末革命党宣言，写"驱逐鞑虏，恢复中华，建立民国，平均地权"；解放区搞土改，写"打土豪，分田地"。

墙体标语，随时势而变，亦时见"怀旧风"，今旅游景点，依然墙写"抓革命，促生产"。

现代墙体标语用美术字，或宋体，或仿宋体，或黑体，整齐而划一，易描写复制。20世纪60年代，有《实用美术字》，两版三印，风行全国。城乡墙体标语，书写者众，有单位宣传干事、中小学教师，有下乡知青或回乡知青。

至21世纪，广告公司、传媒公司，雨后春笋般冒出，墙体广告及标语是其业务，写墙字又成民间职业。乡村要振兴，墙字墙画，兴至乡村，电脑喷，手工画，各显身手。

村墙上写"历史标语",成旅游卖点之一
2006年 广东河源苏家围客家乡村旅游区

捏泥人

平遥古城，从文庙走至一段僻街，见"古陶泥坊"，坊店合一，店与门等宽，极逼仄。门上幌子："手工泥人现场制作"。

店主郭青明，平遥县东泉乡修德村人，读过初中，自言三代捏泥人，从业已三十年。货架一角，有三尊素色泥人——男娃头像、村姑半身像、童叟对弈组塑，皆形神古朴，极具乡土味。郭师傅说，这三件作品，入选首届平遥国际雕塑节。男娃头像，土话叫"嗨嗨"，娃娃的意思，当地旧时风俗，结婚"送嗨嗨"，有祝福"早生贵子"之意；后生没娶上老婆，送个泥村姑，土话叫"狗亲亲"。

郭师傅捏泥人，还回村里取"红胶泥"，离古城15公里。这泥巴有黏性，又细腻，塑像坚固而光滑。"东方彩塑艺术宝库"双林寺，离修德村20余公里。

传统泥人，封泥柴烧成陶，用石青、石绿、朱砂、赭石等天然石粉，原色直接涂绘，色彩艳丽，干后涂鸡蛋清护色。

"泥人郭"手艺特色，是面对"真人"现场捏像，也可依据照片。所作泥人，面部美颜，比例夸张，时尚洋气。

郭师傅浇过糖画，绘过漆画，画过写真漫画，再回归捏泥人本行，开网店"全林真人定做公仔"。其子年方十七，是"泥人郭"第四代传人，自学西洋素描。先辈传下的老手艺，如何传承发展为谋生之业？其路漫漫。

1. "古陶泥坊"有泥公仔两百多种，"泥人郭"还是喜爱祖传的风格
2. "泥人郭"刻修男娃公仔头像
3. 一种"红胶泥"，两种泥人风格。

2019年　山西平遥古城

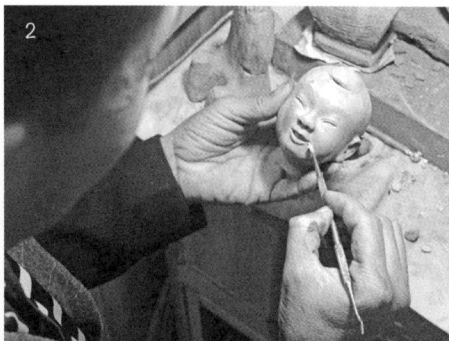

吹糖人

　　吹糖人的技艺，属我国"十大传统民间绝活"。名"吹糖人"，却很少吹"人"，多吹"动物"，因为，儿童更喜爱动物。

　　旧时，吹糖人都挑副担子，走庙会，串街巷。吹糖担子设备齐全：前担小柜子，两边钉长方形木框，框中央安铜环，拴绳头穿扁担。柜面置圆木盘，上画格子，宽窄不一，格内画鸟禽兽虫，拨动盘上指针，指向什么，就吹什么，以此吸引儿童。柜子右上角插草把子，吹的"糖人"都插上边。后担柜子没面板，放个炭火炉，支口铜锅，锅里熬着糖稀，下面几个抽屉，放原料、竹签和木炭。

　　北京什刹海，但见吹糖人：把饴糖加热至软，铲下小团捏手心，揉成球状，食指戳个深窝，即收紧外口，形成糖包；收口处拉长成尾，渐细至丝，猛然断尾成气道，向里吹气；糖包渐渐鼓起，且吹且捏，逐渐现形，扯腿，拉耳，点睛，一只小动物即成。再插根竹签，炫耀地旋一周，栩栩如生。不过一分钟的工夫。

　　糖人，零食兼玩具，旧时儿童玩具少，总舍不得吃。今儿童买糖人，也不吃，非舍不得，是大人不让吃，嫌别人吹过的糖不卫生。故有吹糖人"换嘴"，买者吹，卖者捏，又有互动，摊前更旺。

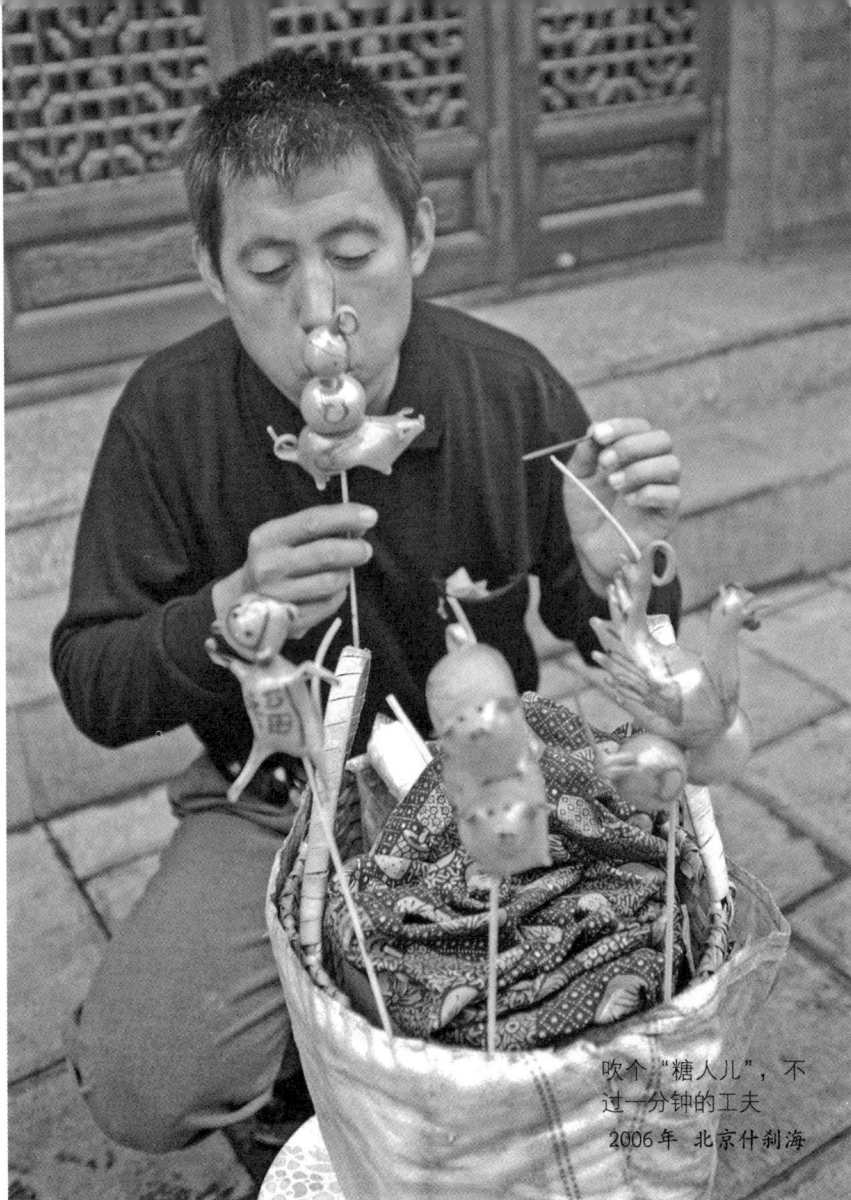

吹个"糖人儿"，不
过一分钟的工夫
2006年 北京什刹海

糖画

糖画，是糖似画，可观可食，儿童玩具，又兼零食。卖糖画，民间俗称"倒糖饼儿"。卖糖画摊上有轮盘，轮盘上有根指针，指针周边，绘有动物图案；买者拨动指针，指到哪个图案，糖画艺人即以小勺为"笔"，糖浆作"墨"，在大理石板上浇画，时缓、时急，或细、或粗，一气呵成，顷刻之间，糖画跃然板上；再趁热粘上一根竹签，待冷却，用起子轻轻将糖画铲起。

明人朱望子咏物诗《糖丞相》，其一云："液蜜为人始自汉，印成袍笏气轩昂。狻猊敛足为同列，李耳卑躬属并行。枵腹定知无肺腑，虚心自应没肝肠。儿童尽与相亲近，丞相无嗔可徜徉。"糖画人物"袍笏轩昂"，俨然文臣武将，故当时戏称为"糖丞相"。

糖画源自四川，其浇画手法丰富："大货"构图繁复；"小货"简练传神；"子子货"是糖饼儿，铜钱般大小；"丝丝货"纯以糖丝浇画，犹如白描速写。还有"板板货""填装货""拭皮子""按头子"等诸多技法。四川糖画脱胎于明代"飨糖"，貌似民间皮影造型，故又有"糖灯影儿"别名。

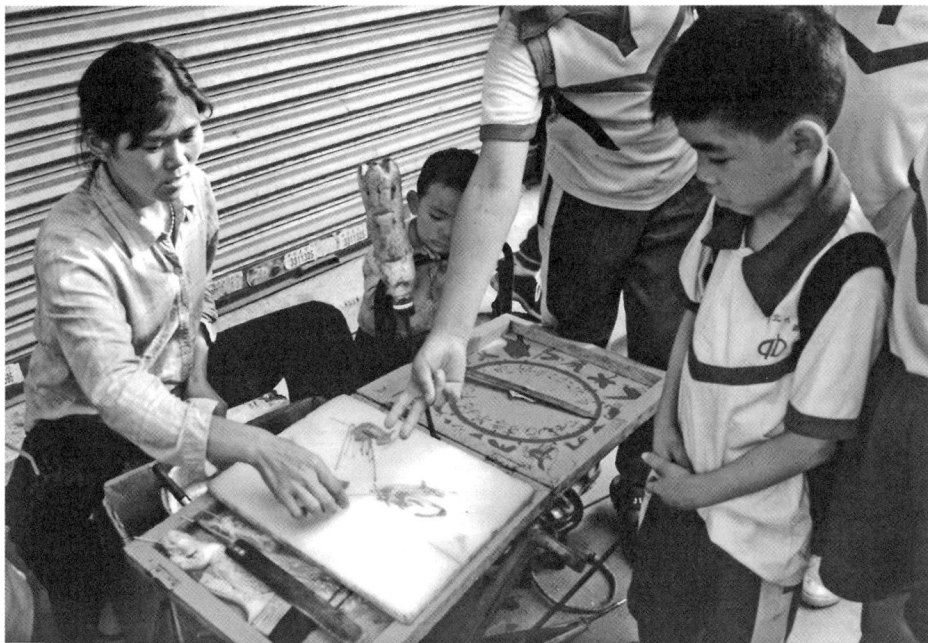

校园旁边卖糖画，顾客全是学生
2002年 广东清远

花鸟字

摆地摊，写花鸟字，民间艺人是专业"书画家"——以卖字画为业。作品摊地上，有"寿比南山""恭喜发财"之类吉祥语，有"勇于拼搏"的口号，还有"冰淇淋/各式甜筒"的广告语。细看，聚画成字，字里藏画，字与画，融为一体，也算巧妙。

花鸟字，别名多：龙凤字、藏字画、字谜语、飞帛板书、意匠文字，名称不一。又因为，常用于书写人名，亦称"名字作画"。而"多彩花鸟虫鱼组合书法"之名，则将其列入书法范畴。

既是花、鸟、草、鱼、虫诸生物，又是点、横、竖、撇、捺各笔画；字为载体，动植物为绘型，组合成花鸟字。组字的动植物，有含吉祥寓意。字中有画，画中有字，缤纷七彩，字各飞扬；更兼添龙绘凤，祥瑞而喜庆。

花鸟字，纯国粹。其源可上溯至春秋末，器刻鸟虫篆。明代《三十二篆金刚经》，有鸟篆、蝌蚪篆、雕虫篆、缨络篆、龙爪篆，有龙书、龟书、麟书、鸾凤书，都是花鸟字的老前辈。

当代花鸟字，添七彩，添峰峦，添旭阳，添云霞，添波纹，却俗，难登大雅之堂。民俗民俗，民风成俗。花鸟字，世俗喜闻乐见，哪能免俗？世俗存，则花鸟字还有市场。

1.地摊上写花鸟字，总是围满观众　2004年　广东清远

2.以花鸟汉字技法写洋字母，花鸟字走出国门　2003年　意大利佛罗伦萨

3.花鸟字画家以橡胶片为笔，沾七彩，且写且画，须臾间，即成花鸟字一幅　2002年　广东连州

足作书画

　　游南浔古镇，随众游客，围观一奇人：无双臂，坐上高木椅，椅高于案；左脚踩定扇把，右脚趾夹支毛笔，折扇上写字作画。书架上，陈列书画折扇，或水墨，或山水，或花鸟，字画皆不俗，落款是归晓峰。书画折扇，标有价格，数十元不等。

　　游客议论：以脚作字画，不容易，而且，浙江省书法家协会会员、南京江翰书画院特聘画师，价格标低了。游客轮批，来来往往，偶尔有买折扇者，归晓峰以足代手，运笔题字，盖印鉴闲章，收钱找钱，动作麻利。之后，又专心致志，埋首作画写字。众人啧啧称奇。

　　归晓峰的传奇人生，网上有其自述：五岁不慎触电，失去双臂。七岁上学，如何写字？先以嘴替手，铅笔咬坏无数，嘴巴磨至溃疡；后以趾代手，夹砖练趾力，甚至铁枝作笔，磨得皮破血流，仍不放弃。十二岁始，以足刷牙洗脸、穿衣吃饭，慢慢，生活能自理。数年后，足如手巧。写字，竟优于常人。至初中，书画作品，常见报刊。之后，展览亮相，比赛获奖，难计其数。幸遇恩师点拨，又进美院进修。其从艺之路，功到自然成，入国际囗足画艺协会，还代表浙江省残疾人，参加中日韩三国书画艺术交流，以足代手即席创作，异国震惊同行。

无臂人归晓峰，以足
代手作书画
2011年 浙江南浔古镇

爆米花

依旧老式火炉，依旧手摇炮弹形压力锅，依旧长长的布袋。压力锅铁铸，外壳凸现产地"上海"；侧安压力表。爆米花原理：封闭锅中，加热加压粟米，又瞬间减压释放，米花随之喷进布袋，即为膨化食品。

爆米花师傅，三十有七，安徽亳州人氏，夫妇俩以此谋生，开辆工具车，走州过县，夜宿车厢。白天，路旁街边爆米花；夜晚，车停公园或广场的公厕旁，如厕、用水双便利。师傅说，一天卖五六百元，除原料、汽油成本，净赚不过三百元，哪住得起旅馆？师傅又说，传承阿爷之技，操此业九年了。夫爆米花妇看摊，兼做米糕，夫唱妇和，配合默契。

爆米花是中国传统手艺，南宋《吴郡志》记风俗："爆糯谷于釜中，名孛娄，亦曰米花。每人自爆，以卜一岁之休咎。"宋人过元宵节，有爆糯谷卜未来习俗。清代赵翼有《爆孛娄诗》："东入吴门十万家，家家爆谷卜年华。就锅排下黄金粟，转手翻成白玉花。红粉美人占喜事，白头老叟问生涯。晓来妆饰诸儿子，数片梅花插鬓斜。""孛娄"为摹拟爆谷的象声词。

见多识广的美国人，却没见过这般机巧，美国探索频道科普节目《流言终结者》，试验者架防弹玻璃，穿防弹服，冒险爆米花，网上疯传。

手摇炮弹形压力锅,
加热加压粟米
2018年 江苏江阴

"嘭"的一声巨响,
米花随之喷进布袋
2018年 江苏江阴

做『狮头』

春节临近，不断有人找上门，定做狮头。近一个多月来，盘社叔师傅做了六套"猫仔狮"。

拜访盘师傅，他递过来名片："三代祖传 / 专医跌打正骨疑难杂症 / 盘社叔医师"。乡村做狮头者，必会舞狮；舞狮者，亦会武功。故做狮头的师傅，会医跌打刀伤。

十几岁，盘社叔就跟大哥学做狮头，今已年近花甲。当年，还没有分田到户，白天在生产队挣工分，晚上兄弟叔侄开夜工，齐做狮头，赚点油盐钱。主做"猫仔狮"狮头，有地方又叫"猫狮"，或叫"猫头狮"。20世纪80年代初，一套"猫仔狮"，附带"大头佛""马骝仔"各一只，卖五十元（今卖一千元）。四只狮头同时做，少说也要个把月。

定框、贴模、装五官、铺底色、描饰纹、上清油，工序好烦琐。狮头的色调，含象征意义，或红，或黄，或黑，黑狮头最为"凶猛"。

别人做的狮头，径口尺四，太小不好舞；盘师傅做尺六，舞转方便。还有，他做狮头，用水泥纸贴模，敲之，确确有声，比别家做的坚固。狮头背面，有"盘社叔造"标记，还留手机号码。

一家生活来源，靠盘社叔医跌打刀伤，兼卖点中草药。"仔不愿学做狮头，孙和外孙呢，只喜欢玩狮头。"

盘社叔师傅精心描绘"猫仔狮"
2016年 广东清远

165

勒棕刷

竹板棕毛刷，寻常物件，曾经，家家可见，无论城乡。棕毛刷有两款，各有其用：一款长方形，常用于洗刷衣服，叫"衣刷"；另款柄形，略小，便于洗刷鞋子，叫"鞋刷"。

洗衣机普及家庭后，谁还手洗衣服？衣刷就逐渐冷落，鞋刷功能，则无法替代。

论款式，竹板棕毛刷古板，几代人不变，却好用，耐用，兼价廉，中老年人也用惯了。超市卖的洗涤毛刷，机制塑料柄，华而不实。杂货店无棕毛刷踪影，就托人到乡村圩市上买，至今，仍未被时代完全淘汰。

竹板棕毛鞋刷手工做，原材料呢，是棕毛、竹片和铁线。寨江人做棕刷，祖传，哪代传下？说不清。依旧是两款，长方形和柄形。2007年，方刷卖一元五角，柄刷卖一元。价虽廉，工序却繁：棕皮一片抽棕毛，质地选粗且硬的；浸泡处理后，切成均匀长段；毛竹破成板块，削板成型，鞋刷柄则火熏屈曲；型板上穿孔，再削板抛光；穿棕毛，铁线勒牢，一把棕刷才成型。

造棕刷师傅，双手常年被铁线刺勒，伤痕道道。

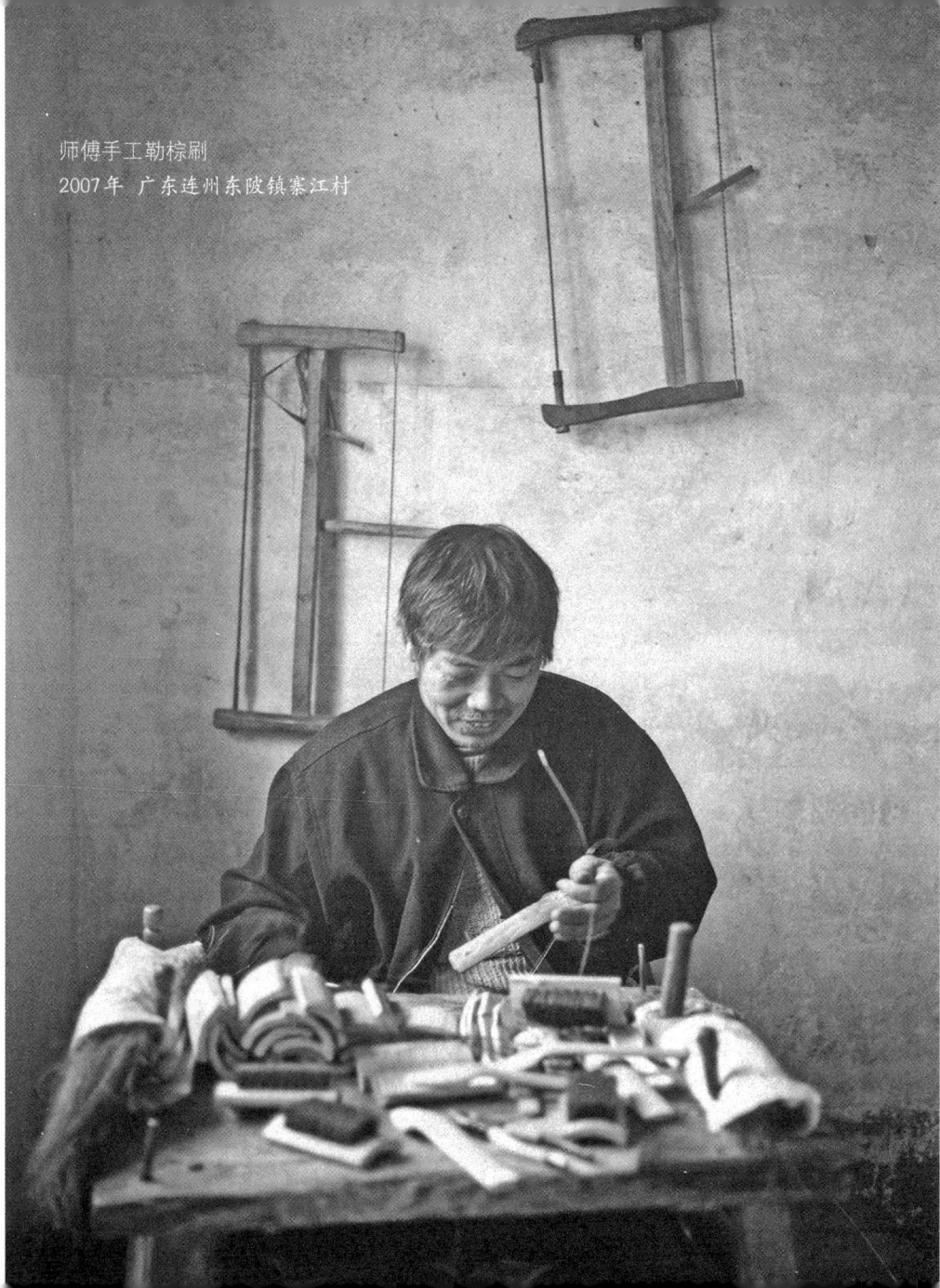

师傅手工勒棕刷
2007年 广东连州东陂镇寨江村

纳鞋底

一箩一簸箕，一群老太太，圩市旁摆摊，卖鞋垫和布鞋，成行成市。边纳鞋底边守摊，针脚密，工夫长，不计生意，但度日辰。

旧时女子，"十三能织素，十四学裁衣"，女红伴终身。新时代，衣履机制讲品牌，土布衣鞋，少人问津。唯布鞋垫，夏吸汗，冬暖脚，无论穿什么鞋，老少咸宜。

日常女红，总剩些碎布边料，扔了可惜，留着做什么？纳鞋垫。

全家老少，有多少双鞋？再纳，便拿去圩市摆卖，益众又利己。

纳鞋底和鞋垫，说简易，亦需技巧。先熬米浆半锅，在板上浆贴碎布或旧布，纵横交错，层层浆粘，重叠若干层，做成布壳；晾晒干，剪块，选块靓布盖住布壳；以鞋垫纸样画轮廓，依样裁剪；滚边之后针线密纳。鞋底比鞋垫厚，俗称"千层底"，须用鞋锥。

女红手巧者，在鞋垫上绣花鸟鱼虫图案，或绣上"出入平安""福走鸿运"等吉祥寓意纹样，卖价翻倍。

至于"百年好合""花好月圆"，以及鸳鸯绣之类的鞋垫，女子定情物也，非卖品，难见于市。

若论针线手艺传承，这群老太太，或许是最后一代女红。

一群老太太坐墙根，
边纳鞋底边守摊
2006年 广东连山

绱鞋

机制物品时代，却物以手工为贵、为时尚，比如说手工布鞋。

手工布鞋本是寻常女红。20世纪60年代之前，人们所穿的鞋，是家庭自做的布鞋，那时的农家妇女，人人都会纳鞋底，做鞋面，也会绱鞋。讲究一点的，过年穿的新鞋、出行穿的布鞋，才会请鞋匠绱。

鞋底、鞋帮分别做好，连接起来，叫绱鞋。这道工序最难，女红不好的妇女，唯有请绱鞋匠"客绱"。绱鞋匠绱的鞋，周正、挺实，穿着舒服。行家话，就是"腮满，根圆，腰里硬"，"腮"，鞋的前脸两侧，鞋犹鱼也；"根"，鞋后跟；"腰"，鞋的中部和鞋底。

绱鞋匠，就是绱布鞋帮子的手艺人，手劲活，适合男人干。

机制胶鞋、皮鞋流行后，穿布鞋者就显土。有老年人图布鞋舒服，则买机制布鞋。都不穿手工布鞋，绱鞋匠就无鞋可绱，纷纷转行，几近绝迹。

绝处逢生。不知何时起，穿手工布鞋又成时尚。民间共识，手工布鞋透气、吸汗，而麻线纳千层底、绱鞋比机缝纤维线更密实。鞋店门前，摆个地摊，坐几个鞋匠，埋头绱鞋，卖点是"手工做布鞋"。

鞋店门前，鞋匠摆摊绱布鞋，卖点是"手工做布鞋"
2003 年 山西平遥古城

补皮鞋

补皮鞋，屋檐生涯，脚下生意，城里人不屑为之，操此业者多是农民。

钉铁掌，楦鞋帮，上边线，黏后跟，全靠手一双。锤子，刀子，钉子，难免伤手；日日胶水黏，手易粗糙；路人鞋子，泥脏脚臭。这是男人干的行当，补鞋女人也爱美，补鞋女人也爱干净，怎么办？戴副露指手套，尽量防护。

流动设摊补鞋，街头风餐，檐下雨滴。若遇内急，还得求人睇档，四处找厕。

亦有修成正果者——浙江补鞋匠奋发十数年，创办飞跃集团，生产各类缝纫机，积得十多亿元资产。这是个案，不可复制。补鞋匠难以致富，解决温饱而已。

社会物质日益丰富，人的生活也就逐渐奢侈。一双皮鞋穿破了，丢掉再买，补鞋客渐少。补鞋匠就兼修皮包，修拉链，修雨伞，艺多好谋生。

补鞋业可废乎？不可。试看街上，亭亭时髦女郎过市，高跟鞋突然断跟，而周街又冇补鞋匠，几多尴尬？

补鞋机与箩筐配担，装上工具箱和高、矮木凳，挑起补鞋的全部家当，乡下女人进城上岗——走街入巷补皮鞋

2006年 广东连州星子镇

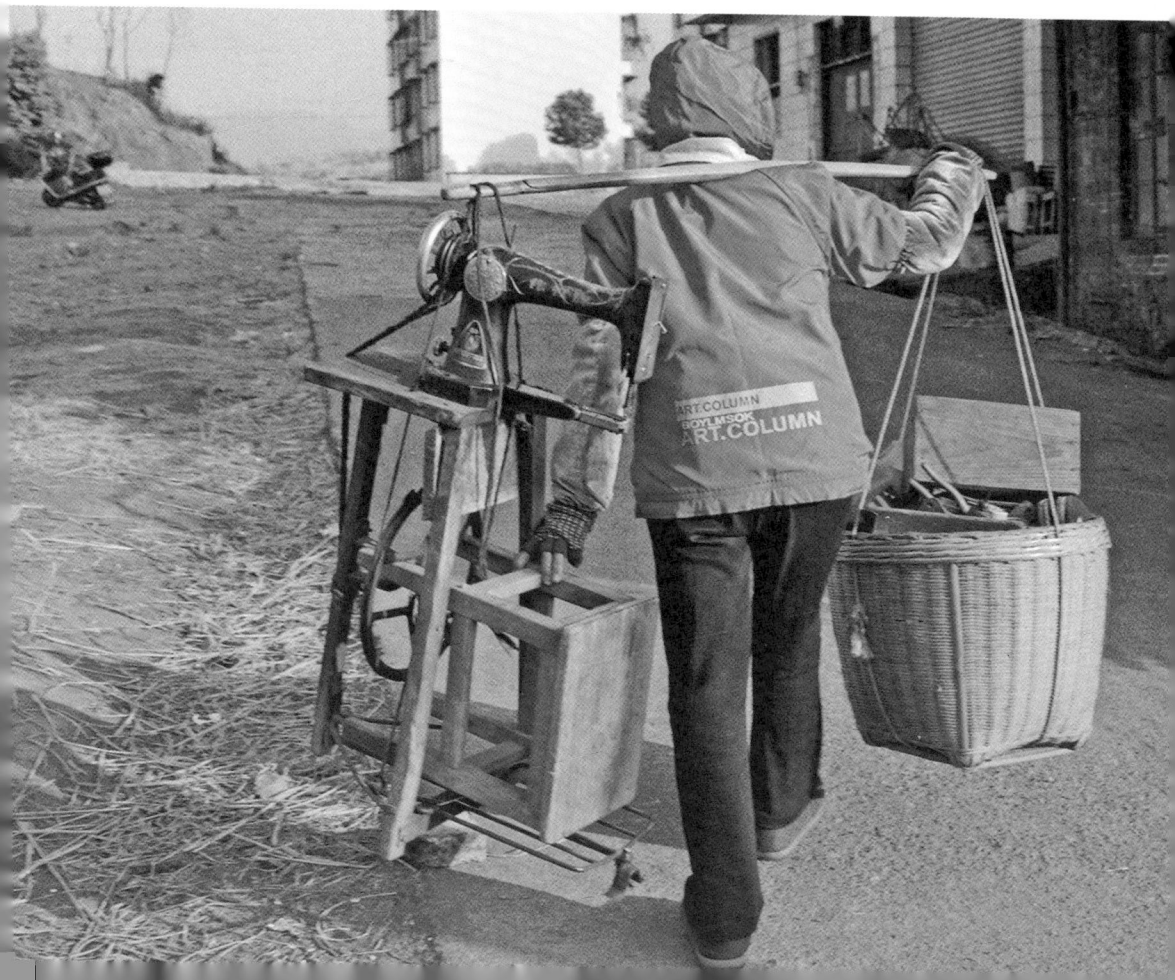

补胶鞋

补胶鞋，没多少技术含量，人皆可为，算不上"工匠"。胶鞋，以橡胶为鞋底，或为鞋帮，种类有"解放鞋"、水鞋、雨靴等。补胶鞋，先将破处周边刮净、锉涩；再剪单车内胎，成小块胶片，一面刮净、锉涩；胶片和胶鞋破处，分别涂鞋胶，最后黏合。摆地摊补胶鞋，往往兼卖补鞋胶。

地摊补鞋匠，不靠技术揽客，靠即兴的打油诗吆喝聚人。看这后生，口才了得。

见穿破鞋男子路过，随口就来——

男子汉，大丈夫 / 该出的钱舍得出 / 鞋子破了不敢补 / 不如回家卖红薯！

遇有人拍照，又来一段——

来记者，拍个照 / 又上电视又见报 / 如果今晚没看到 / 你家电视少频道。

众人围观，转入正题——

黏即合，新配方 / 有名有姓有包装 / 五块一支谁说贵 / 我只赚点口水费。

……

押韵的吆喝之声，传遍半个圩市。

补鞋匠头夹迷你咪头，靠即兴的打油诗吆喝揽客

2007年　广东连州东陂镇

草木染

旧时，百姓的衫裤，或蓝或黑，色彩单调，都自家裁缝，或请裁缝师傅缝制。买块粗织的土白布，拿给染布匠漂染，可裁缝衫裤。旧衫裤穿褪色，拿给染布匠漂染，又成新装。

染布匠，串街巷上门，或圩市架灶，为人染布染衫裤。

20世纪70年代后，机制成衣逐渐占据市场。唯少数民族服装，纺纱、织布、染布和缝制，依旧手工，染布匠仍存在。

"染"字会意，从水，从木，从九。古时染料，多源于草木，故从木；染料是液体，故从水；染须反复漂，故从九。我国有一种草，名"蓼蓝"，其茎其叶，都可制作染料"蓝靛"，蓝中带紫，是最古老的染色素。《诗经》有"终朝采蓝"句，采蓝，即采蓼蓝作染料。北齐《刘子·崇学篇》说："青出于蓝而胜于蓝，染使然也"。北魏《齐民要术》、明末《天工开物》等古文献，或记载蓝草种植，或介绍制蓝技术，源远流长而可溯。

今之染布匠，仍以蓝草为染料，一块白布，掌握时间和火候，可染成月白、月蓝、深蓝、浅灰、深灰、黛青诸色。

染布匠是古老职业，传承至今，染制布衣，就被称为"染布师傅"；若创新，染制华服或时装，则被称为"工艺美术大师"，犹如染料蓝靛，青出于蓝而胜于蓝。

1. 苗族妇女用蓼蓝草制作染料　2012年　贵州从江
2. 染布匠圩市架灶，草木染白布　2007年　贵州罗甸
3. 苗族妇女在晒布场晾晒染布　2012年　贵州从江

剃头

男人理发称作"剃头"，始于清朝。满族男子发式，是颅前剃发，脑后留辫。清初，"留头不留发，留发不留头"之令，改变了明朝男子留"全发"习俗，剃头梳辫，以示归顺。剃头匠从此成行业。

旧时，剃头匠多流动，都有副挑子，扁担肩挑。一头是长方凳，中设三个小抽屉：上抽屉接钱；中抽屉装推子、剪子、刀子等剃头工具；下抽屉放手巾、布单、磨刀石之类杂物。另一头呢，是小炭火炉和黄铜脸盆，烧暖水给客人洗头，俗语讲"剃头挑子一头热"。之外，还有一副响器，名叫"唤头"，用作招揽生意。

传统剃头匠，怀"十八般技艺"：梳、编、剃、刮、捏、拿、捶、按、掏、剪、剃、染等。单说刮脸，剃头匠须手松、眼尖、刀子长，出刀流畅不磕绊，还要避疤痕和皮疹。工具亦完备，手推子、刮脸刀、耳挖勺、篦子、拢子、剪子、刷子、镜子、牛皮刀布，样样不少。

今乡村的流动剃头匠，其实是农民，农闲时，单车尾捆个剃头箱子，走村串户为人剃头。或包村定向服务，按年收费，每月一次巡剃。逢圩，则聚在圩场固定点，俨然剃头大排档。服务对象多为中老年人，无非是剃光头、理寸头、理中分，技艺简单；不洗头，不吹波，刮刮脸、掏掏耳而已，程序简化。

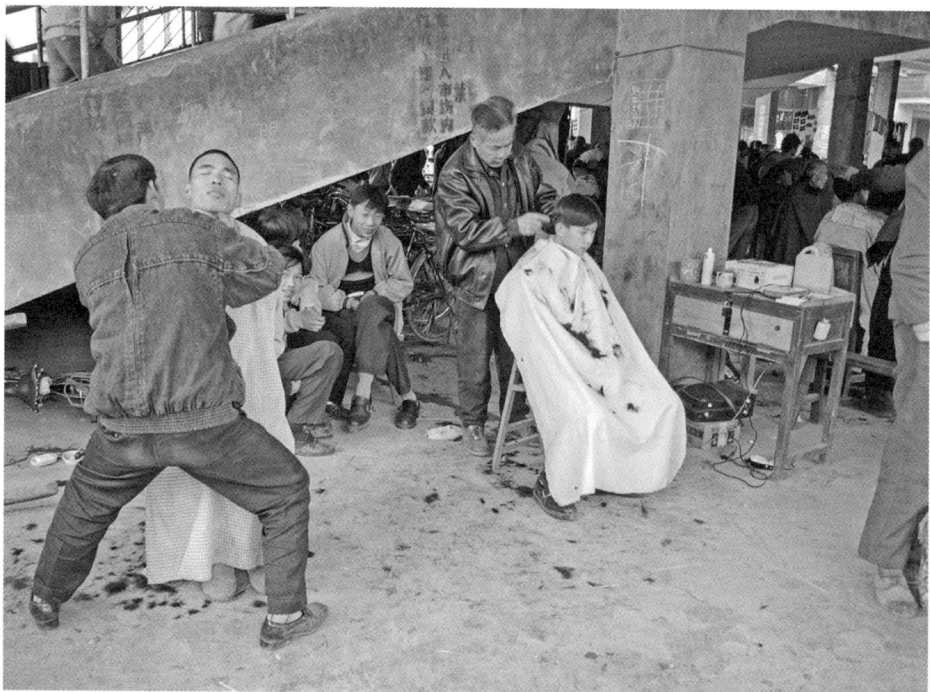

农村集市的剃头"大排档"
2000年 广东连山

采耳

采耳，是个文雅说法。粗俗一点呢，叫掏耳朵，或干脆叫挖耳屎。耳屎俗称耳垢，也可雅称耵聍。

耵聍，医学名词，为外耳道耵聍腺的分泌物，故名。耵聍对外耳皮肤有保护作用，但过多呢，又会堵塞外耳道，影响听力，还会刺激耳朵发痒。因此，便有了掏耳朵之技，并成为职业。

掏耳朵服务属"偏门"，原为剃头匠兼职，或是澡堂和足浴店附加服务项目，专业采耳店少见。

专职采耳师，头戴射灯，流动于公园、茶馆或街边。据闻，技艺精尖者，总结出采耳六步工序——

一是"宝刀出鞘"：刀在耳朵周围转圈，剃除毛发，刺激神经；二是"步步惊心"：依人耳道之差异，选横掏、竖掏、打转掏之法，技艺有"山路十八弯"(耳道形状弯曲)、"近水楼台"(耳膜较浅)等；三是"丝丝入耳"：头发丝伸入耳朵，轻轻转动，引人全身酥麻；四是"雨过天晴"：分别用湿棉签和干棉签，伸进耳朵转动；五是"爱不释手"：用鸡毛或鹅毛，伸到耳朵里搅动；六是"天籁之音"：用音叉或震子，按摩耳朵附近穴位。

其技之精，可谓出神入化，难怪某地将"采耳"列入非物质文化遗产，加以保护。

现代医学则认为，耵聍并非脏物，它有抗菌作用，能阻碍声波对鼓膜的伤害。一般情况下，耵聍自动脱落，不需掏。

专职采耳师，头戴射灯，流动于公园、茶馆或街边
2003年 福建泉州

采耳铺的流动幌子
2019年 广东广州

开脸

少年时，曾听老者说一婚俗谜语："四目相向，四脚相碰，一女咬牙根，一女在忍痛。"屡猜不中。谜底是开脸。在"不爱红装爱武装"的年代，女子开脸之类的美容，几近绝迹。

旧时女子出嫁，须请族中长辈为其净面毛、剪额发、修鬓角，谓之"开脸"。女子开脸，表示已婚。有资格为出嫁女开脸者，必是全福女人。所谓"全福"，即公婆、丈夫、子女俱全。

开脸技艺简便：麻线或棉线，系于双手指上，齿咬线结，把线绷直，缠绞脸上的汗毛。民间又称"绞脸"或"拉面毛"。

渐渐，开脸由传统婚俗程序，演变为民间美容行业。一根麻线，一盒珍珠粉，两张小板凳，便是"拉面毛"的全部家当。今操此业妇女，资格未必"全福"，开脸者，亦不一定是出嫁女，为人妇更需要美容。这张脸，首"开"之后，还可年年"开"，季季"开"。

现代女郎刚怀春，便"开脸"：敷面膜、涂口红、割眼皮、文眉毛、垫鼻梁……美容术繁多而复杂。

又闻，广州上下九路和北京路步行街旁，"拉面毛"摊档越聚越多，渐成"拉面毛一条街"。

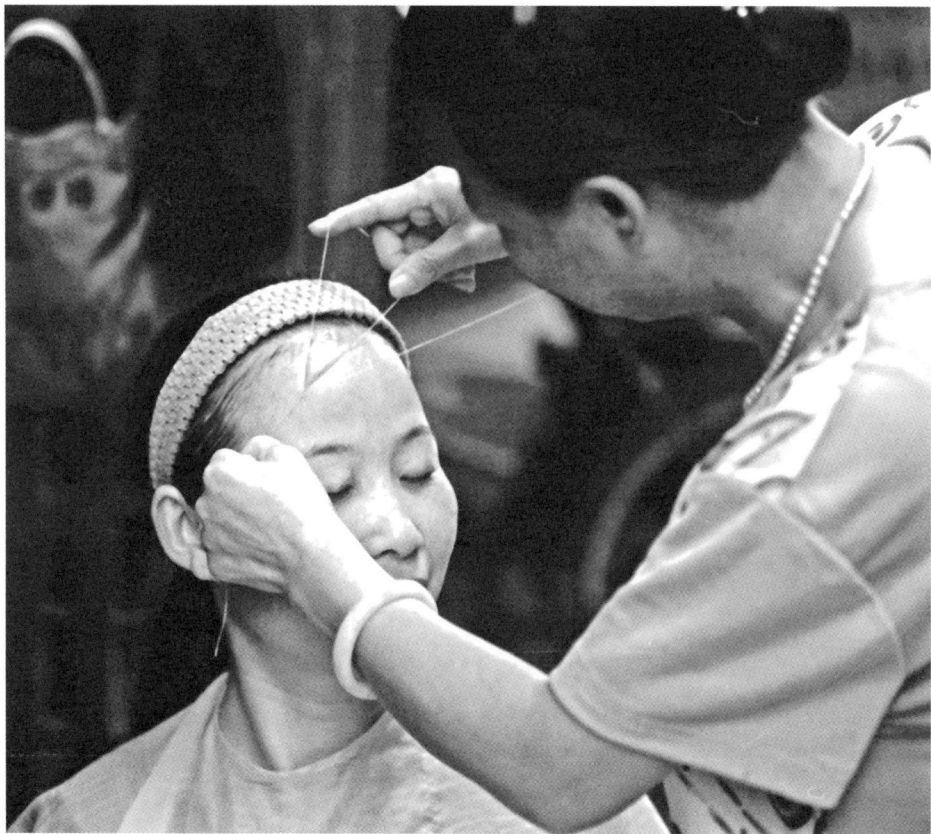

清城北门街麻巷，仍有人设档"拉面毛"，时价每次收费五元
2003年 广东清远

修表

父亲有位朋友，我叫他四叔，是修表师傅，一门技艺养全家，日子过得还滋润。当教书匠的父亲说，其实也未必要读多少书，你看四叔。我想，长大也当修表匠，像四叔，独眼看机械世界——20世纪五六十年代的事了。当时，手表由奢侈品逐渐向寻常物过渡，正是四叔日子滋润之时。

长大了，与理想擦边，卖手表。在国营百货公司，同修表师傅共门市部，却没缘学艺。我常被公司业务经理叫去，逐个单位打电话，代发"表票"——上海牌手表，凭票买。经理躲起来了，等我发完"表票"，才露面。那年代，婚嫁"三大礼"：上海牌手表，凤凰牌单车，华南牌缝纫机。

"三十年河东，三十年河西"，四叔的好日子，也就三十年。电子表霸道问世，集成电路，液晶显示，精准无比，物新兼价廉，机械表难以抗衡。之后，手机也带计时器。四叔的几个儿子，都没继承父业。

曾经"一人养全家"的修表师傅，也只能放低身价，挑起玻璃柜台，寻旺圩闹市一摆，头箍放大镜，做独眼看机械的生意，等待那些老顾客，或拆洗加油，或偷停查障。

如今，有身份的人，还戴机械手表，当然是名牌。

修表匠头箍放大镜，做独眼看机械的生意
2001年 广东连州瑶安圩

修单车

修单车，无定所。

"学校门口，生意旺，学生都骑车上学，为何不在校门口附近修单车？"

师傅说："不和他人争地盘。"又说："这片空地靠公路，又靠街，过往单车多，总会有爆车胎、刹车不灵的时候。你不也遇上爆车胎了吗？"

那倒也是。

师傅补胎，手脚利索：放气，撬下外胎，再打气；把内胎逐段放至水盆里，找漏气眼；磨毛气眼周边胎皮，上胶，粘贴，铁棍敲，手按片刻；打气，水验，放气，装车胎……一气呵成。事毕，给链头滴油，摇踏板两圈，匀粘车链机油。师傅说："好啦！只收补胎钱，送保养服务。"补个轮胎，换个刹车胶，两三元收费。至于打打气，调调车刹，加点润滑油，师傅眼里，举手之劳。

至21世纪初，修单车薄技，尚可揾食。之后，交通工具日益多样化。修单车档渐少，业不成行。

后记：当年修单车的老师傅，又为"共享单车"献余热，几大公司都抢聘。有报道称，已退休的自由职业者，成"上班族"，日工作超八小时，月工资达四千。每日残车，多得修不完，堆积成"单车坟场"，云云。

城市建筑空地上的流动修单车档
2001年 广东清远

肆

亦工亦商

弹棉作坊

洲心五街49号，独立瓦屋，老覃夫妇租半爿，为弹棉作坊。弹棉匠，半年辛苦半年闲，过了清明，老覃便清闲。

弹棉作坊对面，是旧时供销社。人民公社时期，老覃父子俩，为供销社打棉胎，按件计酬，是临工。兴旺时期，有六人。改革开放后，各自开弹棉作坊。原供销社同行，唯有老覃今还弹棉。

老覃背竿挽弓，牛筋为弦，弹棉时，以木槌频频击弦，颤动棉花纤维，使之疏松。之后，夫妇俩牵纱，纵横布网，以固定棉絮。纱网布毕，再用木圆盘压磨，使之平贴、坚实，即成棉胎。

弹棉是苦行当，木弓大而沉重，木槌击弦，更须用力。棉絮满屋飞，老覃却从不戴口罩。还说，只弹新棉，不翻弹旧棉胎。棉花是植物纤维，环保卫生。老覃说，三代弹棉，阿爷、阿伯和父亲，个个身体健康，都活到八九十岁；自己也感觉良好。

一床新棉胎，少说用二十年。如今，棉花替代品多，高档有丝绵，便宜有化纤棉，作坊生意渐淡。老覃进新疆棉、山东棉打棉胎，做街坊生意，靠口碑。

老覃年愈花甲，弹棉已四十余年，还是农民，老家有几亩田地。早过退休之龄，未办社保，就无退休金可领。他依然每天到作坊，有人定做棉胎，白天弹，晚上也弹。无活时，与街坊闲坐，知足常乐。

老覃背竿挽弓弹棉，棉絮满屋飞，却从不戴口罩
2013年 广东清远

『会纸』作坊

四会县城西南走十余公里，有古镇名邓村，依竹山，傍绥江。邓村以造纸闻名，因地处四会，所产的纸就叫"会纸"，其原料是竹子，因而又称为"竹纸"。清光绪《四会县志》载："会纸，邓村铺厂最多，始创于嘉道年间。"

未进村，即闻气味，酸酸宿宿，见村头屋边，都有浸泡池腌竹子，家家开造纸作坊。秋收后农闲季节，男人进山斩竹，妇女作坊抄纸，老者田野晒纸，村童亦帮忙松纸，人人参与造纸，农闲人不闲。

土黄色的"会纸"，外观粗糙，故价贱，多作拜祭先人的冥纸、卷鞭炮的炮仗纸，或造狮头、大头佛的纸朴。以"开张、足数、色好、化灰"而名扬，远销港澳和东南亚各地。

作坊"古法"造纸，都是手工操作：木砧上锤破竹节；叉竹捆入浸泡池，竹和生石灰，层层叠压，放水发酵三月；捞竹节上池旁，暴晒半月，清水池再浸一月；竹节斩成段，石碓捣砸成纤维；纤维放入回形池，加水搅拌成稠浆，再稀浆；执悬框入纸槽力舀，框上竹帘粘附浆层，水稍沥干，取下竹帘，倒扣纸膜垛板上。还有榨纸、起纸、晒纸、磨纸等工序。经反复劳作，纸张方得，张张辛苦。古人有珍惜字纸的传统，既惜字，亦惜纸。

"会纸"作坊，
妇女执悬框入
纸槽抄纸

在秋收后的稻
田里晒"会纸"

2007年 广东四会县邓村

染坊

每天凌晨四点，染印坊师傅便起床，烧锅染布。太阳初升，长长的染布，已晾上高架。

浙江桐乡，产蓝印花布，江南负盛名。当地出产棉花，元代黄道婆传棉纺技术，染布业随之而兴。明代设织染局，垄断织染业。清代开放织染，民间织机遍布，染坊连街，河汊布船如织。"杭、嘉、湖"一带，凡有集镇，必有染坊，前店后坊，染土布土绸。

桐乡蓝印花布，蓝底白花，或白底蓝花，蓝白相间，典雅素朴。旧时，浙江一带，家家是蓝印门帘、台布、蚊帐、被面，女子的上衣、头巾、围裙、包袱，皆蓝印花布。

桐乡蓝印花布，蓼蓝草提取染料，石灰、豆粉为防染浆，刻纸为版，沥浆漏印，染色而成。旧式染坊，灶台火红，染锅沸腾，布匹滚烫，烟气弥漫。师傅翻搅染布，须臾不停，沸水拎布，凉水蘸布，查试色变，周而复始。烟呛喉熏眼，长年累月，一双蓝手，兼肺疾眼疾困扰。

服饰犹入时，传承唯创新。桐乡印染企业，或与旅游对接，或和文化挂钩，或跟生态联系，百变只为身上衣。祖传工艺还在，印染师傅还在，蓝印花布还在，与时俱进而已。

太阳升起前，染印
坊师傅就将长长的
布，晾上高架
2009 年 浙江桐乡

白铁铺

漳州古城，旧时商铺林立，百工鳞集。今沿街骑楼下，百年老店、老行当和老手艺，依然在此坚守。"茂记白铁行"是其中之一。说是"白铁行"，临街小铺而已。是夫妻铺，铺主李伟茂，故名"茂记"。

白铁，镀锌板的俗称。"打白铁"，其实就是钣金工：将白铁板按图纸，分成部件，画出平面图，图纸在师傅脑子里；裁切之后，手工敲打成形；衔接、焊锡，成立体物件，如桶、罐、壶、箱、勺、斗，或立体构件，如通风管道、食品炊具。

李伟茂之父，十六岁来漳州白铁铺当学徒，学成后另开炉灶，开白铁铺，前店后坊，阁楼起居。合作化时，八家白铁铺，并成漳州白铁社，李父是负责人。

李伟茂初小辍学，先到建设农场务农；农场解散，再下乡插队。因高压电击伤，办了病残手续，回漳州随父打白铁，后子承父业。

先是塑料，之后不锈钢，不断侵占白铁用品市场，手工打制，也不敌机械冲压，白铁铺渐渐冷落。李师傅七十二岁高龄，打白铁四十余年，也没退休，有一天力，打一天白铁。有街坊惜物，盆杯漏洞来焊补，煲底腐蚀来换底，也接生意。

漳州著名小吃"面粉枣"，需配小嘴水壶，热水沸腾时，即发出警示哨声。这种白铁水壶，由"茂记"特制，李师傅以此为豪。

漳州古城的"茂记"白
铁行，是夫妻铺
2019 年 福建漳州古城

老街白铁铺一瞥
2012 年 江西奉新

铸锅坊

　　黑乎乎的四壁，黑乎乎的作坊。四时煤烟，四处煤尘，原本净洁的墙壁，净洁的地，日积月累，灰黑浑然一体。近墨者黑，在此环境劳作者，常年手黑，洗而不净；熔铁高温，即便冬日，亦热如蒸笼，汗流满面，时而手抹一把，即嘴乌面黑，衣服鞋袜脏兮兮。

　　手工熔铁铸锅，先拓制锅模，之后高炉熔铁、铁水浇注，最后打磨抛光，每个工种，都粗重，都黑脏，都苦累，甚至都有点危险。民营铸锅作坊，无劳保工装，无性别分工，唯那身红装，在灰黑的工场里，与铁水共生暖调。弱女子与壮汉，同工同酬，几分姿色，掩没于灰黑之中，并非逞"妇女能顶半边天"之勇，实为生计所逼。

　　我国铸锅，肇自春秋，母模子肖，三千年依旧。终逢强大对手：铝锅具，不锈钢锅具，接连问世，轻便亮丽而取胜；之后，不粘锅具强势推出，笨重的铸铁锅具，且战且退，难保霸主地位。

　　孰料，"半路杀出个程咬金"：铝对人体有害说，不锈钢含铬和镍伤害人体说，不粘锅涂层有毒说，这说那说，众说纷纭，买家宁信其有，不敢信其无。炒菜咋办？祖祖辈辈，都用铁锅，返璞归真吧。

　　铸铁锅作坊，又纷纷冒烟。铸铁锅虽好，却是落后产能，终归要被淘汰。

弱女子与壮汉，同工同酬，几分姿色，掩没于灰黑之中
2009年 湖南蓝山

棕绳作坊

赶圩，遇胡老汉摆卖棕绳。他说，细棕绳可作牛绳，也可作箩绳；粗棕绳多用于抬棺材，又叫棺材索，所以要扎两张红纸，表示吉利。

圩散，跟胡老汉来到新街镇飞熊村，看看他的家庭棕绳作坊。

采集的棕皮晒干后，用铁耙刮去粗皮，留下棕丝，按头尾顺序叠放。只见胡老汉把棕丝堆放桌上，尾部用木板压稳；右手执T形索绞，慢慢旋转木手柄，左手不断"喂接"棕丝，缠绕于索绞上，其法如纺线。他说，绳的接头，讲究手艺，接不好，绳受力易脱落。接头反复扎结，压在绳辫内部，纠合力越大，扎得越紧。

索绞绕满棕股，就可牵挂上"车"打棕绳。"绳车"很简单，木架、长板凳和摇把，三大部件。木架开多孔，孔内装铁钩，由摇把控制。"绳车"按绳索长度，分摆两头，一立一卧。

胡老汉说，打棕绳要两人同时操作。棕股一端系立架铁钩，另端系卧架铁钩，两头分别转动摇把，一顺一逆，相反方向摇转，棕股即绞紧为绳。最后取出棕绳"扭头"，以免松懈。

今农村耕牛少了，尼龙绳多了，买棕绳的人，也越来越少。胡老汉说，其打的棕绳，不变形，不易腐烂，比尼龙绳还好用。想到《本草纲目》的棕绳记载："其皮作绳，入土千岁不烂。昔有人开冢得一索，已生根。"我相信胡老汉的话。

打绳匠胡老汉及其棕绳作坊
2013年 广西灌阳

蜡烛芯作坊

临街作坊，搓棉线，纺棉纱。织布？不是。是编制棉绳，作烛芯。电早普及，何须蜡烛照明？唯庆生和祭祀，还用蜡烛，用量极少。师傅边搓接棉线，边说，为蜡烛厂做芯，蜡烛卖到欧美。又说，我国蜡烛产量，全球第一。

查中国蜡烛网：我国蜡烛质量、品种和花色，领先世界。师傅之言诚哉！

北周庾信诗："洞房花烛明，燕余双舞轻。""洞房花烛"，典传至今。南北朝时期，蜡烛已是日用品。

"何当共剪西窗烛，却话巴山夜雨时"，千古共吟，"西窗剪烛"，烛芯却非棉绳，晚唐，我国还没棉花，烛芯或用灯芯草，其髓质虚软，可吸附油脂。清末《营业写真》说："蜡烛芯，灯草缠，越细浇成烛越坚。"

1820年，法国人发明不同烛芯，三根棉绳编成，燃烧即松开，末端翘火外，可燃尽，无须剪烛。之后，又发明石蜡做烛，硬脂，即为"洋烛"。石油炼石蜡，工业化生产。

照明用电，蜡烛即黯淡。此处不用烛，自有用烛处。欧美流行香薰蜡烛，净空气，除细菌，还是催化剂，催化生活情趣。

临街的作坊，师傅搓棉线做烛芯
2006年 浙江台州

牛角梳作坊

又厂又店，店前，搁筐水牛角，替代幌子。卖水牛角？板墙上，挂着刮痧板、按摩棒、"不求人"，料是牛角；柜台上，陈列各款梳子，料也是牛角。哦，是牛角产品，以梳为主。

三脚工作台，其状如条凳，并列两张，粗糙简陋。师傅坐矮竹椅，台上埋首，锉着梳坯；身边，有两把锯子；脚下，散放着铁锤、剪刀、凿子，还有几片水牛角。有客买梳，师傅放下手中活计，起身推介，拿货，收钱。

且制且卖，工场公开，也是摸准顾客心理。当今市上角梳，良莠不齐，真假难辨，如何鉴别？牛角开成片，锉、锯、磨成梳，满屋角粉味，眼见为实，现场挑选。手工制作，条形、月形、柄形，形态各异，天下独此一把呢。梳箆，女人的"闺蜜"，女人路过，总会进店瞧瞧；男人寻手信，送女友或妻，也想进店看看。

江南多水牛，水牛角本色乌黑，质地细腻，宜为梳材。市面有木梳、竹梳和骨梳，还有塑料梳、金属梳，梳材多多。水牛角制梳，竞争力是天然、防静电。

梳虽小，工序多：牛角出料、压平、烘干、刨板，方得梳坯；再锯模、齐口、开齿、磨背，初见梳形；之后刮砂、精磨、雕刻、抛光。

师傅说，机作牛角梳，两分钟一把；手工一天，做两三把。手艺人赚的是辛苦钱。

师傅坐矮竹椅，台上埋首，锉着梳坯

2009 年 浙江乌镇

蒸酒坊

三排瑶寨秋收后，新米入仓，制好土曲，引来山泉，瑶家酒坊便开张。

蒸酒事繁，全家人默契配合：这厢盛饭、摊凉、碎曲、调拌、入缸、发酵，工序环环紧扣；那厢取醅入锅，底锅置甑，装滴酒槽，拉导酒管，甑架天锅，湿布密封，管接酒坛，配套有条不紊。之后，土灶生火，火攻底锅催热，水注天锅冷却。此时，蒸酒人添把柴，静静守候，屏气凝神，即闻坛中酒声滴滴，所有辛劳，即化为醇香。先出的酒，度数高，酒劲大；之后，酒度渐次降低，越后者，味越淡。酒的度数可调节，度数高，则产量低。

"瑶胞酒"为低度酒，十几度，高不过三十度，都称"水酒"，用碗喝。"汉人待客一杯茶，瑶家待客一碗酒。"

三排瑶山下，走二十几里地，有个龙口村，村附近西晋墓中，出土了一套蒸酒器陶模型，由甑、釜、灶三部分组成。西晋时期，粤北汉族地区的蒸酒法，与当代三排瑶族蒸酒法相同。

乡村酒坊，非专营，农忙耕作，农闲蒸酒，五谷杂粮，皆可为原料。蒸酒之外，还养猪。蒸酒剩余酒糟，含蛋白质，营养丰富，是喂猪的好饲料，无额外投入，即可为蒸酒坊增收。

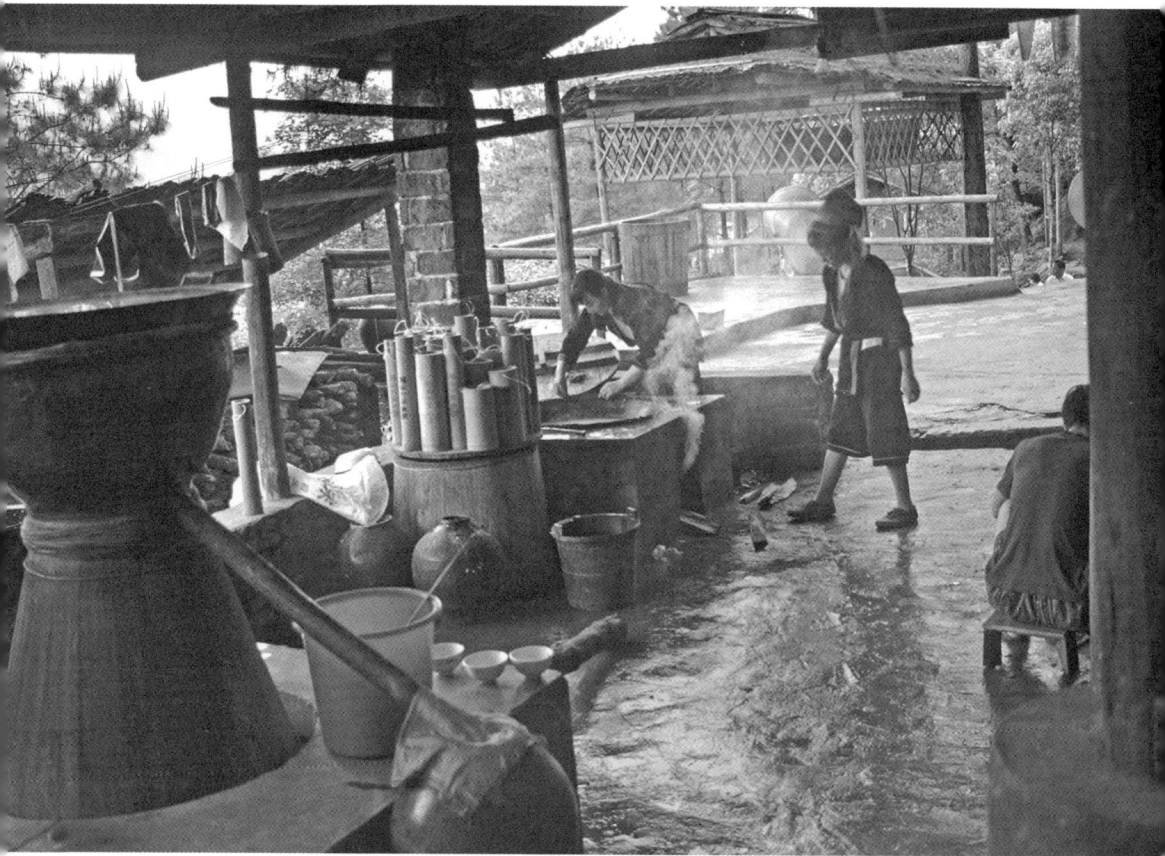

蒸酒坊事繁，各个环节需要默契配合
2001年 广东三排乡

榨油坊

一架水车，带动一座碾盘；一条冲椎，配对一段榨床；一个师傅，带着两个徒弟，经营一座榨油坊。

寒露过后，村民陆续上茶山，采摘油茶果。地坪上，茶果摊开晾晒，自然脱壳后，选出油亮的果仁。

立冬，榨季开始，担担果仁挑到榨油坊。先送至"烘干车间"，上烘床烘干，候榨。

"碾压车间"，设置大碾盘，碾盘旁边，有根大木轴，连接榨油坊外墙的水车。水渠开闸，激流倾泻而下，冲转水车，车轴带动碾盘，旋转不停。果仁倒入碾槽，碾轮转压，约莫半小时，便碾成麸粉。

碾槽里扫起的麸粉，装入大木甑，两人扛上灶台，柴火蒸。蒸熟的麸料倒出，热气腾腾，即填入圆形铁箍中，稻草铺垫两面，赤脚趁热踩成胚饼。

"榨油车间主机"是一段"榨木"，上百年树龄，两人合抱，中心处凿出一段"油槽"，长约两米，油胚饼叠装入"油槽"里。屋梁下，悬吊一根"冲椎"，碗粗细，三米多长，头部戴"铁帽"。

"打油！"但见师傅荡起冲椎，顺其势，"砰——"猛然撞击木楔，接二连三，油槽中，木楔一根根撞入，椎椎挤压下，片片胚饼滴出金黄色的油脂，绵绵不绝。

半世纪前建造的泥屋"土榨"，在乡村治理体制变化中，分分合合，而今依然现榨现卖，卖点是"原汁原味"。

1. 榨油坊外墙的水车，带动碾
盘碾茶果，旋转不停
2. 榨油师傅荡起冲椎，顺其势，
猛然撞击木楔
3. 赤脚趁热将麸料踩成胚饼
4. 麸粉装入木甑，两人扛上灶台

2012年 江西崇义

腐竹作坊

灶中火红，锅里浆白，竿上皮黄，满屋盈豆香。豆浆凝面，卷其膜层，其薄如绸，晾晒干爽，是谓腐竹，成片者叫片竹，圆条者称枝竹。

腐竹又叫豆腐皮，或豆腐衣。豆腐衍生腐竹，腐竹的蛋白质和脂肪含量，却高于豆腐。

腐竹，百姓盘中家常菜，其丰富营养，与肉媲美，被誉为素食之王。袁枚《随园食单》记载，腐竹吃法颇多，可荤可素，或菜或汤。

传统腐竹作坊，连环柴灶，扁平铁锅，宽敞晾坪，还须备大量柴禾。工序也繁复：晚上浸泡黄豆，以保腐竹新鲜；凌晨三四点起床，推磨磨浆，生浆过滤；柴火煮浆，慢烘起膜，层层挑竹；抬竿晾晒，自然风干。煮浆火候控制、挑竹时间，全凭经验。

今有腐竹生产厂家，浸、磨、煮、晾，全程机械化，无须"三更灯火五更鸡"，劳神又劳力。乡村手工腐竹作坊，依然有市场，卖点是天然山水、石磨磨浆和自然晾晒。

国人之精吃，世界无双，芥微如黄豆，造出的食品，竟洋洋大观：水豆腐、油豆腐、霉豆腐、臭豆腐、豆浆、豆奶、豆豉、豆酱、豆腐花、腐乳、腐竹……各地豆制食品，又各有风味，形成地方特色。

六灶连环，煮豆浆挑竹
2001年 广东英德

粉笔作坊

话说20世纪50年代，我国普及小学教育，还为工农大众"扫盲"，粉笔黑板，用量大增。湖北应城刘垸村村民，从江苏学会造粉笔，还带回一个模具，一百零五孔，始造粉笔作为副业。"膏都盐海"应城，石膏开采史四百年，粉笔原料充足。转眼半个多世纪，千户刘垸，九成造粉笔，享誉中华"粉笔第一村"。

多媒体时代，粉笔冷落，其产业不夕阳？机灵刘垸人，不断开发新产品：六角粉笔、无尘粉笔、微尘粉笔、医药粉笔、玩具粉笔、木材粉笔、船舶粉笔……数不胜数。包装厂、模具厂、盒子厂，应时而生，渐成产业链。

行走"粉笔村"，家家作坊，户户晾架，红黄蓝绿白，粉笔是灰旧村庄的亮点。村民说，先富起来的人家，多迁居城里。

走入一家，妇女张姓，边听收音机，边造白粉笔。黄铜模，八百孔，上大下小，一孔一笔。打浆，灌浆，出模，上架，荫晾，如是反复，操作简单。张大姐说，一日做四包石膏粉，三百二十斤；做一吨石膏粉，一千元加工费，除去买柴油脱模、请人工包装，一个月挣三千余元，比外出打工好些。

另一家，做六角彩色粉笔。刘师傅，古稀之年，其祖父，亦做粉笔。他说，有销路，做老板；无销路，做苦工。当今后生会上网，刘垸粉笔，卖到沃尔玛，卖到奥运会，卖到联合国。

1. 包装彩色粉笔的老妪
2. 房前屋后晾晒粉笔
3. 生产、晾晒和包装一条龙的彩色粉笔作坊

2019年　湖北刘坑村

床垫流动作坊

夫妻办厂做床垫，厂即是家，家也是厂；产销一体卖床垫，厂也是店，店即是厂。厂随店流动，家随厂流动。为什么呢？因为是买方市场，以销售定生产。

这厂家，带着老人小孩，一路走村过寨，从江西那边流动而来，在村边安家立厂，现做床垫，边做边卖，卖多少做多少。

厂家说，买家就在床垫生产现场，亲手压压弹簧弹性，亲眼看看海绵质量，监督制作全过程。是真材假材，是好料差料，眼见为实。你可以沿途打听，我们做的床垫，有口碑呢！

买家说，去商店买床垫，不放心，谁知里头塞的是什么料！村里有人买的床垫，才睡了几天，就没弹性了；再睡，凹陷变形。听说还有劣质布料，发霉海绵，甲醛超标，伤身哩。

有人建议，为何不去商场买品牌床垫呢？品牌质量可靠。村里人说，太贵，买一张床垫的钱，可做几张了。

因此，把厂家和店家，设在农家门口，生意还好。

夫妻走村，现场做床垫
2007年 广东清新

罗经店

说到罗盘，会联想到堪舆、镇宅、化煞，总觉几分神秘。众所周知，指南针是我国古代的发明，后洐生罗盘。古人以《易》阐述天地世间万象，将阴阳八卦、五行九星融入罗盘，即为风水测量仪。

慕名探访"徽罗"，来到安徽休宁县万安古镇。万安罗经制作，起于元，兴于明，盛于清，闻世六百余年，史称"徽罗"。唯有吴鲁衡罗经老店，衣钵传承至今。清雍正元年创店，迄今近三百岁。昔"吴鲁衡日晷"，获巴拿马万国博览会金奖；今罗盘制作技艺，列国家级非遗项目。

吴鲁衡罗经，店里常备品种一百多，推数派系、诸家盘式、图谱圈格，各自不同。吴先生说，市面罗盘多，且便宜，旅游纪念品而已，风水堪舆师须用专业罗经。

老店后坊场地封闭，防风尘，亦防外界干扰。透过玻璃窗，能看到罗经制作工序——

虎骨木或白果木，裁制成坯料，刨平坯面，质地细韧而不显纹理；车圆成坯，开磁针圆孔，细砂纸和木贼草打磨；同圆心画圆周为横格，半径长短各别，再按阴阳八卦等内容刻直格；盘面刻画处填以墨色，细砂纸和木贼草磨光；毛笔蝇头小楷，依盘式分格书写内容；以熬炼桐油涂抹，至光洁清晰。

奥秘在磁针安装，由传承人秘室操作，其技艺有"传媳不传女"的规矩。

1. 吴鲁衡罗经第八代传人吴兆光先生
2. 透过玻璃窗，能看到罗经制作工序
3. 吴鲁衡罗经老店

2019年　安徽休宁万安古镇

中药店

古渡码头登数十级，即临江老街，再走百余米，便见老街药店。青砖瓦山墙，木板镶门面，雕檐刻梁，比相邻老屋略显气派。门侧对子："但愿人间无疾病，不愁架上药生尘。"

入店，药香弥漫；柜台齐胸，巨板柜面乌漆斑驳；整堵墙的中药柜，抽屉贴药材标签，铜环厚重；称药戥子、木珠算盘、黑墨药方、捣药铜盅，乃至包药老皮纸，无不浸润岁月的痕迹。

墙上，挂着前掌柜杜鹏绵遗像。老药师十五岁进药店，学徒而掌柜，七十多年从一业。今老药师之女杜娟坐堂，也年逾花甲。杜娟跟着父亲，学徒几十年，选材、炮制、储存、抓药，一丝不苟。药店中药材六百多种，无十年功夫，入不了行。老药师带过数徒，受不了清苦，都半途而退。

百年药店奠基起，前店后库，阁楼住学徒。曾合为公社医疗所，又分属镇供销社，再解散由个体经营，已数易其主。无方不抓药，古训代代秉承。数百种中药材，种种都是药店炮制。

赫赫百年老店，今处僻地老街，有浙江老中医、黄山开发商，以丰厚条件提出药店易地，均被谢绝，为何？店门的对子写着呢。开门上街、推窗见江的老街，政府已规划维修。杜娟药师的苦恼，是百年药店谁来传承？儿女都在县城另谋他业。

天气好，药师杜娟开门先晒药材
2019年 安徽泾县章渡村

药师杜娟与路过的街坊打招呼
2019年 安徽泾县章渡村

绸布店

绸布店，古而有之。北宋风俗画《清明上河图》，绘都城汴京（河南开封）繁荣景象，画中有私营商铺，商号"王家罗锦疋帛铺"，"疋"通"匹"，经营罗、锦之类丝织品，长柜台，对面一排长凳，几位顾客在挑选锦罗绸缎。

鸦片战争后，通商口岸相继开放，国外机织平纹布进入国内，百姓称之为"洋布"。晚清《营业写真》说："五十年前无洋布，只有乡间本机货。"手工纺织又何敌机器？1889年，"上海机器织布局"开工生产，机器织布，逐渐普遍天下。

1954年，国务院政务会议，通过并发布《棉布计划供应》。1956年初，棉布丝绸行业公私合营，全国即无私营绸布店。

1974年，我结束下乡"知青"生活，分配到百货公司工作，生徒三年，曾在绸布柜台当售货员。卖绸布最烦琐，收布票，算布款，量剪布料。我打算盘，乘法不熟练，常出差错；竹尺量布不准，剪布又偏，常遭顾客投诉。

1984年，全国布票终止使用，中国人用布票计划穿衣，整整三十年。之后，绸布店、布料摊，如雨后春笋，遍布城乡。1994年起，绸布店陆续转型，变为服装店，先是大众服装店，后升级为品牌服装店。

2003年，在平遥古城，看到一间绸布店，卖绸布，兼缝纫，似乎回到我站绸布柜台的年代。

平遥古城绸布店，卖绸布，兼缝纫

2003 年 山西平遥古城

裁缝铺

　　剪刀、软尺、画粉、熨斗、缝纫机——裁缝铺的标配。旧时缝制服装，量体、裁剪、缝纫、熨烫、试样诸工序，都是独自完成。以此谋生者，人称"裁缝"。

　　裁缝是古老的职业。西周时，朝廷设"缝人"职位，女官，由女御役使，专职缝制王及王后的衣服，是御用定制裁缝师。士子庶民缝制衣服，也需要职业裁缝。唐诗"敢将十指夸针巧，不把双眉斗画长。苦恨年年压金线，为他人作嫁衣裳"，是贫家女裁缝对手艺的自矜，对命运的不甘。男耕女织的社会分工，古代裁缝多为女性。明代版仇英《清明上河图》，描绘苏州繁华市井生活，图中成衣铺出现男裁缝穿针引线。近现代裁缝，已是男性居多。

　　裁缝，既裁又缝，行中规矩极严，学徒三年，只能包边、合领、上袖、缝绊；至操尺度量、剪裁下料，再三年。裁缝制衣，还要会省料，挣手艺钱，又挣材料钱。旧行规："厨子藏肉，裁缝藏料，无可厚非。"

　　"公社化"后，裁缝都入机缝社。布料凭票供应，家用缝纫机普及，百姓买布自裁自缝。经济体制改革，各地机缝社解体，裁缝铺又兴。不久，裁缝铺陆续变身时装店，遍布城乡，裁缝业至盛。之后，成衣摆满大街小巷，各种尺码，仿名牌、假名牌、真名牌都有，裁缝业便由盛转衰。

传统的裁缝铺，
量体、缝制，一
人完成
2000年　广东连州

毛笔店

平遥古城南大街，有间狭窄的毛笔店铺，铺前吊根巨笔为幌子。做笔师傅系裙蹲坐，挑拣羊毛，全神贯注。有游人驻足，好奇挑毫奥秘。师傅说，这顶级山羊毛，三十年前收自江苏。羊的品种，养羊环境，都会影响羊毛质量。即便普通羊毫，也要根根细挑，选五六遍，不能有粗毛，好毛做好笔，一支笔写十万字，依然好用。

店极逼仄，右墙货架，左墙玻璃柜，通道仅可过两人。毛笔和制笔材料之外，还有书画挂轴、扇面，天花顶上也是画。

看笔，标签多写"自产自销"，笔杆刻"章京平"。做笔刻名，以保质量。种类繁多，其名文雅。"天山雪峰"，喻羊毫笔锋，其白如雪峰。"写经换鹅"，誉人书法好，典说王羲之抄《道德经》，与道士换群鹅。"七紫三羊"呢，是兼毫，即紫毫与羊毫合制，配比为七分紫毫三分羊毫。若紫、狼兼者，名紫狼毫；狼、羊兼者，称狼羊毫；鸡、狼兼者，则叫鸡狼毫。兼毫以某毫为心柱，他毫覆之。章师傅论笔，滔滔不绝。有两美国人进店买画，方改说英语接待客人。

祖传笔业，章师傅游走西北，推销自制毛笔，途经平遥，见古城沧桑，游人如织，有买笔氛围。夫妻俩就带着孩子，租铺开毛笔店，只有过年才回趟江西老家，父母也照顾不到。

两美国人进店买画，章师傅改用英语接待客人
2019年 山西平遥古城

章师傅系裙蹲坐，店前挑拣羊毛，全神贯注
2019年 山西平遥古城

梳篦店

梳，妇孺皆知；而篦，老者渐忘，年少者则知之不多。

篦，密齿梳，亦称篦箕、篦子、篦梳，竹制和木制为主，梳理头发之物，能梳垢去痒。形制有单边，有双边，双边篦中间有道梁，两侧密齿。

我辈年逾花甲，曾经历粗糙生活年代，彼时，环境与个人，卫生都不甚讲究，衣服和头发常生虱子。乡村冬日，男人翻棉袄捉虱，妇女执篦梳发，除垢兼除虱，是常见景观。村姑呢，视篦子为闺中私物，谈对象，遇相好，获赠篦子，即为定情。

古人兴蓄长发，梳篦是必备物。梳子齿距疏，梳发理辫；篦子齿距密，篦垢去虱。

篦，亦作发饰，插于发髻上。魏晋女子，发髻插篦成风，至唐更盛，描述金篦、银篦、鸾篦之唐诗，不胜枚举。古人做篦，多用竹子；高档者，用红木，或黄杨；至于用金，用银，用玉，用犀角，用象牙，乃贵妇或"千金"的奢侈物。

流连常州篦箕巷，梳篦店铺成行，各款梳篦，虽琳琅满目，赏不胜赏，今仍逊于昔。梳篦实用功能弱化，但其精致工艺、巧妙造型，引发怀旧思绪，或激起收藏雅兴，购买者亦众。

元代，篦箕巷已是梳篦集散地，并得巷名。明末清初，常州有梳篦工匠数万，手艺世传。梳篦式微至今，仍传上千工匠，其产梳篦，广销海内外。

梳篦店橱窗摆卖的各式传统梳篦
2018年 江苏常州篦箕巷

梳篦店，女顾客流连
2018年 江苏常州篦箕巷

香辛料店

调货店后院，小毛驴双眼被蒙，拉着石碾子，走圈转动，吱呀吱呀，似乎不知疲倦；女店主双手托簸箕，绕着碾盘匀倒花椒、桂皮之类，被碾压的植物香辛料，香味阵阵，引人驻足。

调货店，又称调料店，经营各种厨房调料。麻袋里装的香辛料，都是晾晒干的天然植物，有紫蔻、砂仁、肉蔻、肉桂、丁香、花椒、大料、小茴香、木香、白芷、三奈、良姜、干姜，等等，民间统称为"十三香"，其实，并不止十三种香料。顾客各取所需，挑选购买，之后混合碾压成香粉，可调制卤菜、荤素馅或面类食品，还可腌制酱菜、泡菜。

香，即香气；辛，是辛辣。中餐烹饪，提鲜、解膻、添香，都离不开香辛料。

唐代以前，香辛调味多用花椒、生姜和茱萸，民间称之为"三香"。

后来，又出新"香"，其口感辛辣，气味芳香，更能除腥解腻。这种香辛料原产于东南亚，经丝绸之路贩运西域，再过河西走廊，批量出现在中原市场。贩卖商是胡人，便称之为"胡椒"。

香辛调味料，有引进也有输出。根、皮、叶、茎，或花蕾和果实，含香辛成分的植物，我国有近两百种，岂止是"十三香"？我国是香辛调味品的生产、出口大国。

调货店后院，小毛驴拉着石碾子碾压香辛料
2014 年 陕西礼泉

木屐铺

　　慕名寻访"画屐苑"，由街拐入巷，问街坊，见一块牌匾、两扇小铁门，门前置矮桌，横放一辆旧单车。关门停业了？侧竖三夹板，写有联系电话，就打过去。

　　苑主吴师傅下楼，微胖，行走略瘸，老伴撑雨遮陪同。道声早安，今日落雨，开门迟了，脚又患小疾。老伴提醒：八十三岁的人啦！

　　移单车，开铁门，搬屐架，两老配合，一支烟工夫，屐店兼工场即开张。上过电视、登过报纸的"画屐苑"，却是杂物间前的半爿廊道。吴师傅说，单位分房配的杂物间，放单车和煤柴，今放木屐、材料和工具。

　　师傅大名吴国勋，非木工出身，1997年退休后，"偷师"学做木屐，选材、开板、打磨、绘图案、上胶底、上油漆、钉屐皮，都一人完成。二十多年，制作并卖出木屐两万多双。做屐不为生计，吴师傅有退休金。

　　其做木屐，街坊称"吴式"，有男版女版儿童版，分"平板脚""鸭乸脚"，还可量脚定制。木屐不仅卖街坊，省内各地和香港，都有客光顾；美国、加拿大、新加坡等地，也有华侨来档口买屐。

　　吴师傅做屐，屐板多用杉木、旧床板或废柱梁，屐带用汽车废内胎，废品站可买材料。屐板锯出木糠，粘成木糠画，档口摆卖。虽俗气，"画屐苑"亦名副其实。

吴师傅向顾客介绍各款木屐
2019 年　广东佛山

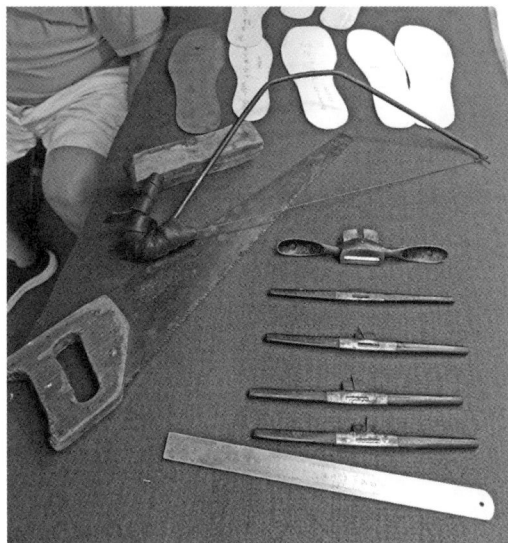

吴师傅手工做木屐的工具
2019 年　广东佛山

钉秤铺

香港九龙上海街345号，丁字路口处，有家六尺长、三尺深的"挂墙铺"——"利和秤号"，铺面挂满药秤、鸡秤、烧腊秤，大大小小，一两百把，兼卖"风水旺财算盘""百子千孙木尺"。空隙间，塞满了做秤材料。

铺主何婆婆，七十好几，有一肚故事：其父代跟师做秤，十二三岁的年纪，先煮三年饭，第四年才帮师兄打磨部件，算是开始学艺。十七岁师满，何婆婆的阿爷租下这间"挂墙铺"，父亲始自立门户。何婆婆十三岁随父学做秤，之后女承父业，成为铺主，转眼间就八十几年。何婆婆同行的秤号，一间间歇业。如今，利和秤号的生存空间，也渐被电子磅挤占。

何婆婆埋首做小骨秤，一把要做整天时间，可卖三百元。精细的药秤和金秤，以前用象牙做杆，如今改用牛骨，一把秤可传几代人。木秤则用坤甸木，先在方木条上刻度钻孔，塞入铜线排刻度、字号，再把方木条刨成圆杆，然后磨滑。

杆秤的主要部件，是秤砣（权）和秤杆（衡），知杆秤，便知"权衡"二字的含义。秤杆的提耳，多者有三：头耳、中耳和尾耳。根据所称物品重量，选择提耳。

香港、台湾、澳门等地，沿用"老秤"，十六两为一斤。

何婆婆说，香港做手工秤，还剩两三个师傅。

何婆婆传承的
钉秤"挂墙铺"
2018年 香港

街边的钉秤摊
2006年 河南开封朱仙镇

233

竹器店

洲心街竹器店，还存数家。此家卖竹器，兼营其他，招牌"五金日杂"。店家说，竹器货源，来自附近的源塘村。曾经，村里家家竹编，今唯剩老师傅。旧时竹器行，有粗篾、细篾之分。

所谓"粗篾"，截竹组合成器。一竿翠竹截锯，可成量米筒。若留个长把，则成酒斗。旧时酒铺，酒埕卖酒，酒斗舀酒兼量器。竹竿开片略修，即为扁担；破细成条，则可修成筷子；若再破细成束，便是竹刷，可用之刷锅。大竿小竿，锯裁拼嵌，可为竹梯；若烤曲造型，则可成凳、椅、桌、几、床，或成碗橱、摇篮、童轿，诸般家具，无所不能。

"细篾"呢，剖篾编织成器。竹砍枝，刮竹节，始破竹：一破为二，二破为四……破成所需宽度。竹皮剖成篾，叫"篾青"，有韧性；再剖去表皮，即"篾黄"，篾青到篾黄，能剖出数层；篾黄之韧，不及篾青，故篾器受力处，必用篾青。篾青少而篾黄多，需搭配使用。两者搭配，可织花纹。篾片还须"抽刮"，使之宽度相宜、厚薄均匀。粗篾作架，细篾编织，可成篓、篮、筐、箩、笼，也可成簸箕、筛子、筲箕、饭罩。

店家说，篾器生意，近年渐好，老人怀旧，后生讲环保。故每天开店，先把大小篾器高高挂起，犹如幌子

2017年 广东清远市

修钟表店

开店修钟，总是兼修手表，告白都是"精修钟表"。

钟表是舶来品。明末，西方传教士利玛窦来华进京，呈给万历皇帝的献礼中，有两座"自鸣钟"——"以铁为之，丝绳交络，悬于簏，轮转上下，戛戛不停，应时击钟有声"。至清代，勤政君主已离不开报时的自鸣钟，之前，计时器是"铜壶滴漏"。康熙皇帝尤喜西方科技，曾写《咏自鸣钟》诗："法自西洋始，巧心授受知。轮行随刻转，表指按分移。绦帻休催晓，金钟预报时。清晨勤政务，数问奏章迟。"养心殿造办处，建自鸣钟作坊，修理兼制造。其时，修钟表匠从西洋请来，由内务府供养。

由宫廷而至民间，机械钟表渐行渐广，而百姓买钟表，则在民国之后。京城前门大栅栏一带，钟表修理业兴旺时，店开四百家之多，供奉黑袍人利玛窦，为行业祖师爷。即便偏远古镇洽洸，也有钟表商号四家，亦卖亦修。

修钟表店，曾见店联"低头只顾时分准，晃眼又是星斗移"，一语成谶。某日，修钟表匠猛然抬头，才发现，这老店与古镇旧街一般，不合时宜。"铜壶滴漏"，曾让位自鸣钟；机械钟表，亦拱手数字技术。

古镇，老街，旧店，老式挂钟和闹钟挂满墙，待修理，或已修理。乍一看，像是废钟收购站。墙根下，摆有两张修表小木桌，有位师傅坐着，在防尘玻璃罩下，埋头修表，白色的衬衣，与周边灰脏的环境，形成强烈反差

2002 年·广东英德洽洸镇

237

伍

市井故物

锁匠

钥匙复制机，当代锁匠必备工具。城市的锁匠都用电动，抑或数控，而赶集市的锁匠，临时设摊，拉线用电，诸多不便，只能用手摇，甚至手锉。

集市配匙顾客，来自四邻乡村，乡村是熟人社会，日常不锁门，出远门，才挂把锁，"防君子不防小人"。锁亦简单，配把钥匙，收费五元，线上或现金付款，都可以。

锁匠的生计难以维持，就添些副业，维修电子钟、收录机之类。往往，副业胜主业。

锁匠之业两千年：汉代，已有金属锁，簧片结构。至唐，金、银、铜、铁、木，皆可制锁。明代，形成广锁、花旗锁、首饰锁、刑具锁四大类别。清代，有"二开锁"和"四开锁"，前者双匙孔，需两把钥匙；后者开启，四道工序。古锁五花八门，却大同小异，开锁奥妙，全在匙孔开槽，百姓多用"一"孔锁；士大夫喜用"士""吉"孔锁，寿诞喜庆则有"寿""喜"孔锁；骚人玩文弄墨，专用藏诗锁。古锁文化，见民俗心理，有审美情趣，具工匠精神。

美国人发明的弹子锁普及全球。今之锁匠，仍为弹子锁开锁、配匙。

微电子技术开始应用于锁，磁控锁、声控锁、指纹锁、智能锁，安全便捷，陆续进入家庭。传统锁匠，生计日益维艰。

嘈闹的集市，锁匠躬身锁摊，专注配制钥匙。所谓锁摊，三夹板钉成，半方台面，刚够承台手摇钥匙复制机，机上钥匙模成堆，林林总总，不下十种。手边是锉刀、刷子之类工具

2018年 陕西富平宫里镇

肉案

　　肉案，卖肉的案子，亦指肉摊，或肉店。宋代《东京梦华录》描述的肉行，肉案成行成市："坊巷桥市，皆有肉案，列三五人操刀，生熟肉从便索唤，阔切、片批、细抹、顿刀之类。"当今菜市场，肉行亦如是。街头巷尾还有独设的肉案，如《水浒传》中的郑屠户，"开着两间门面，两副肉案，悬挂着三五片猪肉"。

　　肉案卖猪肉，或卖牛肉和羊肉。卖猪肉的肉案，俗称"猪肉佬"。旧时，"猪肉佬"即屠户，像儒生范进的岳父胡屠户，以杀猪贩肉为生，"一天杀一个猪还赚不得钱把银子"。如今，生猪定点屠宰、集中检疫，私宰生猪属非法，故屠户与肉案，属两个行当。

　　今站肉案，要起早床，凌晨四五点，先去屠宰场或批发市场选肉，运回档口，再分割上挂，六点后始售卖。若加盟品牌猪肉，或等配送到店。站肉案是苦累工，一要不嫌油腻，二要不怕腥气，三要有力气。每天斩半扇猪，碎骨剁肉，挥刀数百，手酸背痛；更兼讨价还价，挑里脊拣五花，过秤捆扎，手嘴不停。

　　计划经济年代，职业群体有"三件宝"：医生、司机、"猪肉佬"。彼时，猪肉凭证供应，"猪肉佬"是国营企业职工，择业自然首选。今时不同往日，后生及斯文人，多不愿以肉案为业。

累至黄昏，肉案剩孤骨碎肉，方有闲暇，与街坊杀盘棋

　　2004年　江西赣州

牛肉案挥刀碎骨剁肉，要有力气

　　2007年　贵州罗甸

劏鸡档

劏鸡、杀鸭、宰鹅，无非是放血、拔毛、开膛，人人可为。若说技巧，不过是掌握水温、灌点烧酒之类，属大众常识。为何生意红火？逢年过节，市场劏鸡档前，"候刑"的"三鸟"，总是排列成队。市场里的劏鸡档，多为卖鸡档，卖鸡为主，劏鸡为副。偶见寒门子弟，逢年过节，开个临时劏鸡档，赚点钱交学杂费。

是今人无缚鸡之力，还是劏鸡之技失传？都不是，是懒动手。又何况，装修雅致的厨房，岂容满地鸡毛鸡血？至于不杀生又念肉食者，"君子远庖厨"心态而已。

劏鸡为业，古也有之。北宋《青琐高议》载："庆历年，都下马吉以杀鸡为业。每杀一鸡，得佣钱十文，日有数百钱。"马吉在市场上帮人杀鸡，每日可挣数百文佣钱。当时，开封市场卖的鸡鸭，都经过褪毛，是劏好的裸鸡。《东京梦华录》有卖"退毛鸡鸭"的记载。

印象中，历史悠久的劏鸡档，曾一度断档。计划经济数十年，城镇肉食，凭证定量供应；乡村农户多养鸡鸭，便要"割资本主义尾巴"。餐桌上，鸡鸭难见，又何来劏鸡档呢？

劏鸡档复兴，时间不长。最终，让位于屠宰生产线。

逢年过节，肉菜市
场常见临时劏鸡档
2005年 广东清远

杂物地摊

"贩夫贩妇，朝资夕卖"，朱仙镇这对夫妇，大街中央摆地摊，卖农器，卖工具，卖日用杂件。光顾者寥寥，贩妇坐箱，闲赏街景；贩夫躺摊，百无聊赖。

街中央摆摊，妨碍交通，无人管？看看周边环境，是早年乡镇格局，不比城市。

街边或市场上，地摊摆货做生意，投入资金少，又省租金，省装修，省水电，几乎零成本，是初涉商场的实习场地，城市俚语叫"练摊"。

"练摊"，曾"练"出中国第一拨"万元户"，有了第一桶金，再弄潮商海，成为先富起来的一部分人。

朱仙镇摆地摊的贩夫贩妇，显然不是"练摊"，应是生活所迫，靠这点微薄收入，养家糊口。

街中央摆地摊卖杂物
2006年 河南开封朱仙镇

古玩地摊

古玩，或叫古董，清代之前多称骨董，是先人的文化遗物。

俗话说，乱世黄金，盛世收藏。当今，坊间地摊，市场店铺，到处都有古玩：邢窑白瓷，延祐青花；明末遗田黄，晚清老酸枝；文房匏器，暗门古锁；唐伯虎真迹，张大千摹画；慈禧太后照过的镜子，恭王府的茶壶；太行崖柏，合浦珍珠；民国月份牌，"文革"宣传画……林林总总，真真假假。

半个世纪前，大量珍贵的字画、古籍、陶瓷、玉器、漆器、绣品、铜器、佛像、挂饰、手串、鎏金器物和文房四宝，或毁于一旦，或不知所终。中国历史上，每逢动乱和朝代鼎革之际，古籍、古物、古迹都难逃厄难，而厄难，也是幸存古籍、古物再分配的机会。如今的古玩市场态势，高潮迭起，各色人等，个个想捡漏，人人梦暴富。

古玩行当，真迹与赝品、原物与仿造、旧货与新品，并非泾渭分明，而是鱼目混珠、泥沙俱下，既有混迹在遗弃物中的稀世珍宝，也有跻身于文物群里的赝品伪作；既有灿然不减当年的旧货，又有故作老态龙钟的新品。古玩的魅力和乐趣，或许就在这似是而非、似非而是之间，就在这或真或假、假里淘真之中，故藏玩之风长盛不衰。

古玩地摊顾客寥寥，交易萧条

2003年 山西平遥古城

流动眼镜摊

五月赛龙舟，北江聚民众，各路商贩亦至焉。流动眼镜摊，正匆匆赶来。流动，靠单车推行；眼镜摊，在车头展开，一个扁木箱而已，大且薄；身后立网格展示架，货物，都在尾架纸箱里。

见过大型的眼镜售卖车，由汽车改装，或特制，配有验光设备。眼镜售卖单车，岂可同日而语？但亦有其优势，穿梭于乡镇集市，尤显便利。眼镜售卖单车，或卖近视镜，或卖老花镜。今万众露天睇龙舟，当然还要卖太阳镜。户外活动，尤其夏天，太阳镜能遮阳光，减轻眼睛疲劳，避免强光刺激。

太阳镜林林总总：按功能分，有防紫外线、防强光、防眩光、防UVA、防UVB镜，还有偏光镜；论镜片材质，有树脂、尼龙、天然材质、钢化玻璃、变色镜片，还有PC、TAC；若说镜架呢，有纯钛、钛合金、板材、钨碳、合金金属、航空铝镁，还有树酯PC、TR90。而价格相差，少则数倍，多则十数倍，乃至数十倍，非专业人士，难以分辨。太阳镜销售，利润空间大。所以，大商场、小卖部，还有地摊，都卖太阳镜。

走鬼卖眼镜，走廉价路线，多卖"三无产品"：无厂名，无厂址，无商标。即便有，也是假的多。

网店兴，各类眼镜店、眼镜车和眼镜摊，生意益难。走鬼卖眼镜，其路越走越窄。

单车推行的流动眼镜摊
2009 年 广东清远山塘镇

桌球大排档

　　台球，粤、港、澳叫桌球，台湾地区叫撞球，源自西欧。早期的英国台球，以象牙制成，一颗象牙，可制五球，价格昂贵，是宫廷贵族的高级娱乐。19世纪，英国台球运动已流行。

　　清末，台球传到中国，进入大使馆，进入租界地的高档会所，光顾者多为西人和华侨。1883年刊印的《淞南梦影录》载："择巨室设长木台，长丈许，阔半之，覆以哆呢，而高其边；碾象牙为圆子，如鸭卵大者四枚。拨以木棒，两相撞击，以角输赢，谓'打弹子'。"画家吴友如作《海上百艳图》，贵妇人也"打弹子"；进而进入上层社会，逐步传至中下阶层。

　　20世纪三四十年代，上海市区的大街小巷，遍布"弹子房"。解放后，政府提倡简朴生活，"打弹子"被视为靡费生活，"弹子房"被关闭。

　　台球运动传入美国后，塑料工业之父海亚特，用化工原料混合，研制出台球，成本大降，普及为大众娱乐游戏。

　　20世纪80年代，台球在我国兴起，犹如大排档般蔓延城乡。转眼间，"阳春白雪"又沦为"下里巴人"，不论是英式斯诺克台球，还是美式台球。报载，某村代销店设大理石台球，通宵达旦聚赌，老父怒而挥斧砸台。"橘生淮南则为橘，橘生淮北则为枳"。

　　渐渐，有点身份的人，都去打高尔夫球，或去打保龄球了。

天桥底下的桌球大排档
2004年 江西婺源

补搪瓷

路边，担子一放，烧炭炉，热火烙，开工补搪瓷。不管是茶盅、菜碟，还是面盆，有漏眼，都可用焊锡补，小眼三角，大眼五角。

搪瓷是一种复合材料，旧名珐琅。其工艺：金属表面涂覆瓷釉，通过烧成，两者发生物理化学反应，牢固结合。习惯上，搪瓷制品简称为搪瓷。

搪瓷出身高贵。古埃及人在金属上镶嵌宝石，由此而发展，用玻璃质涂烧于贵金属上，搪瓷一问世，便是艺术装饰材料。6世纪，欧洲相继出现嵌丝珐琅、剔花珐琅、浮雕珐琅、透光珐琅、画珐琅，都是艺术搪瓷。8世纪，我国出现珐琅工艺，至明代景泰年间，珐琅制品已融入中国元素，有景泰蓝之称。19世纪初，欧洲研制出铸铁搪瓷，在铸铁表面涂烧瓷釉，从此，搪瓷由工艺品发展为实用制品。

20世纪50年代始，日用搪瓷在我国普及，结婚送"红双喜"搪瓷面盆，先进工作者赠"奖"字搪瓷茶盅……

哪天怀旧，才发现，身边的搪瓷制品，似乎越来越少，渐渐被陶瓷、塑料和不锈钢替代了。唯有城市民工和乡村农民，没条件跟时尚，仍在使用搪瓷。旧款搪瓷制品，乡村僻店或能买到。

烧炉补搪瓷的师傅，以及艰苦朴素的精神，亦几近消失。

收藏网信息：一个"抗美援朝，保家卫国"搪瓷茶盅，在上海收藏市场的成交价，高达2000元——换个身份，旧贵又成新宠。

古老作时兴，旧款搪瓷制品又有出产，怀旧者用，怀旧者众。

烧炭炉，热火烙，开工补搪瓷
2004年　广东连州保安镇

卖『老冰棍』

"卖冰棍哩——卖冰棍",阵阵吆喝声,从街边骑楼下传来,循声望去,见店铺侧站着位小姑娘,"文革"时期打扮:红五星帽,草绿军裤,套穿文化衫,绣有毛主席头像,平底便鞋;系条少先队红领巾,却与年纪不相称。脖子上挂的"冰棍箱",是职业特征,卖点呢?"老冰棍""纯手工"。耳朵上架个"小咪头",腰围扩音器——吆喝从此处扩音。

"咔嚓"拍张照片。四元买根赤豆冰棍——广东人叫"雪条",或叫"雪批"。像儿时那般,小心翼翼,把包装纸剥开,先舔纸沾的甜味,舌尖轻触雪条,依然是当年的味道,果然"正宗"。

忆起童年时的夏天,街巷卖雪条的吆喝声,连绵不绝。叫卖小贩推着单车,车尾驾上,用橡胶条绑个泡沫箱子,泡沫隔热,里头装着雪条。箱盖掀开,冒出一股凉嗖嗖的白雾,碎冰周围,雪条其中。白糖雪条,三分一根;绿豆或赤豆雪条,四分一根。

还忆起,家境困难的高年级同学,放暑假背个小箱子,上街卖雪条,挣钱交学费。

边行老街,边品雪条,重温儿时的滋味。时值冬季,嘴含雪条,倒抽冷气,这老牙松齿、炎肠病胃,又怎敌冰冽刺激?街头行至街尾,雪条还剩半根,终弃垃圾桶。唉,岁月无情,时光不再。

趋前才知，左手举起的冰棍，真的；
身负"冰棍箱"，假的，道具而已；
冰棍冷藏于身侧的大雪柜
　　　　2018年　广西北海

卖灯盏

电灯普及前，百姓照明用煤油灯，粤语叫"火水灯"。粤人又沿袭古称，叫火水灯为"灯盏"。有俗语："千拣万拣，拣着个烂灯盏"，又有歇后语："灯盏无油——空费心"。

清末，外国石油公司引入煤油灯，其亮度，其燃料，其燃烧方式，皆优于点植物油的老油灯。

煤油灯以棉绳为灯芯，灯头铜制，玻璃或铁皮灯座，挡风的玻璃灯筒，粤语叫"灯通"。灯头周边，有数个"爪子"，以承灯筒；旁有小齿轮，控制灯芯升降，调亮度；灯芯下方伸入灯座内，灯头有螺丝绞，与灯座相旋合。灯座内储煤油，靠灯芯把煤油吸上灯头。

计划经济时期，煤油凭票，到供销社买。记得小时候，写作业时，父母才把灯光调亮。而乡下的奶奶家，全家只点一盏灯，做饭时灯在灶头，吃饭时灯在饭桌；墙壁上开个洞，两房共用一盏灯。

转眼间，"楼上楼下，电灯电话"，煤油灯几近绝迹。

都用电灯了，依然有人卖灯盏。点灯不为照明，为什么？只为"做事"——结婚，生子，搬新居。

新婚之夜，洞房里点两盏煤油灯，包上红纸，替代洞房花烛。

生子又叫添丁，添丁添灯，添丁人家要点上一盏煤油灯，供奉在宗祠祖宗的牌位前，报添丁。

搬新居，俗称入伙，入伙要点火——那就是点灯，厅堂点大灯，厢房点小灯。

卖灯盏者说，祖传三代做灯盏。都
用电灯了，依然年销灯盏数千
2003年 广东英德

卖火缸

天寒地冻，满街摆卖小火缸。火缸，城里人也许不知。火缸何用？烤火。竹编的"火缸"，能烤火吗？

所谓火缸，又叫烘笼、火冲、火笼缸，各地名称不一。火缸有大有小，大火缸的外壳，多为篾编的烘篮，罩放于炭盆上，取暖或烘物，或罩放于香炉上熏香。古人文雅，不叫火缸，称熏笼。唐代白居易《后宫词》云："红颜未老恩先断，斜倚熏笼坐到明。"

单表小火缸：外壳篾编，圆墩形，有提把，盖口铁丝耕网，里边装个小罐——锡皮焊成的"火缸"。火缸里，每天添些草木热灰，或没燃尽的浮炭，之后，埋一两块木炭，慢慢续火。我在粤北下乡当知青时，冬日农闲，见村里的老人和妇女，都有一只小火缸，时刻双手提握，护烘取暖；学童则把小火缸带回学校，听课时烘脚，做作业时烤手，饿了，就往火缸里埋条番薯，煨得满室飘香。

冬夜睡觉时，老人常将小火缸带上床，暖脚，暖被窝。后来读唐人薛昭蕴《醉公子》词，有"床上小熏笼，韶州新退红"句，原来古人也置小火缸上床。

如今，城镇人取暖，都用电手炉、电暖器，甚至用空调；而看满街卖竹火缸的阵势，粤北乡村的冬天，依然是火缸取暖。

天寒地冻，满街摆卖小火缸
2002 年 广东连州

卖酒饼

独坐一隅，双手交叉，看摊摆卖，见人趋前，即作推介——

"有包装的，是工厂生产的酒曲；丸子形的，是自家做的酒饼。任意选择。"

"怎样酿甜酒？可以教你。酒饼放多少？少则绵甜，多则浓烈，做三斤米的酒，两枚足够。"

问怎样做酒饼。祖传秘方，传男不传女，绝技不外姓。讲你也不知：酒饼用酒饼草作媒引，里头有香草、山姜、米粉和山泉水，添点八角、茴香之类香料。各施各法，哪家好？凭口碑。

酒饼又叫酒曲，李时珍说："酒非曲不生，故曰酒母。"酒曲是酿酒的酒母。又说："曲有麦、面、米，造者不一。"《本草纲目》记载有造大小麦曲法、造面曲法、造白曲法和造米曲法。此数种曲皆可入药，故酒曲又称曲药。

我国谷物酿酒，用"复式发酵法"：以酒曲霉菌糖化谷物，糖化与发酵融为一体。此法空前，入世界酿酒史。

西方诸国，长期沿用的谷物酿酒法，是麦芽糖化加酵母。但欧美酿造学著作中，介绍用米、麦等淀粉酿酒的霉菌，为"罗克斯霉菌"；其酿酒法，称"阿迈罗法"，都是法国人的命名。事实为：19世纪七八十年代，在越南的法国人卡尔迈特，买回中国酒饼，从中发现酵母菌。西人专利意识强，鹊巢鸠占。

双手交叉看摊，神
色自得，摆卖厂家
和自家做的酒饼
2006年 广东阳山

卖葵扇

这个地方，古时曾设中宿县。老妪摆地摊，卖帽，也卖蒲葵扇，当地人叫葵扇。老妪不知，有个成语，叫"蒲扇价增"。她只知，卖的是新会葵扇。

成语"蒲扇价增"，出自一个故事。话说东晋谢安，少负盛名，时人仰慕。有位老乡，在中宿县做官，被罢职后，去拜访谢安。谢安问，带回多少积蓄？老乡说，蒲葵扇五万把。想必是生计无着落，就批发蒲葵扇，到京城卖，做点小生意，维持生活。老乡诉说困难，就帮帮吧。谢安拿了把蒲葵扇，常持手中。京城士人和百姓，都跟风，争购蒲葵扇，以致扇价增数倍。故事见《晋书·谢安传》。

老乡见名士，带上蒲葵扇，必定是预先谋划，想借助谢安的名人效应，做个广告促销，热销后提价。

清末《营业写真》，有首打油诗："蒲葵扇，颇不恶，片月入手风在握。为底世人用者稀，只因价贱遭奚落。价贱便遭世人弃，物犹如此堪错愕。无怪滑头个个吹牛皮，身价高抬善做作。"原来，靠滑头，靠做作抬高身价者，并非只是卖蒲葵扇。

葵扇价廉，古今皆然。若说价贱遭世人弃，则不是事实。1983年，葵乡广东新会，全县葵扇产量为1.2亿柄，当年，全国计有2.2亿家庭，在南方，几乎人手一柄。今人少用扇，新会葵扇，入选国家级"非遗"名录，需要保护。

少年问老妪，家家都有风扇、空调，还有人买葵扇吗？老妪说，老人家用惯葵扇，我不卖，街坊去哪里找？

2002年 广东清远

卖木炭

"买炭？九十元一担。前段时间下了小雪，天冷了，炭好卖呢，不贵。"站街边背倚墙的卖炭汉说。"可怜身上衣正单，心忧炭贱愿天寒。"

粤北之冬，湿冷，常有冰冻，甚至落雪。家电普及前，冬天备炭，是家庭必需，无论城乡。冬日的客厅，必有炭火盆，围盆而坐取暖。老人，则有个篾"火缸"，铁皮做成"圆缸"，内装柴火灰，以柴火为火种，之后添炭。木炭，不仅用于烤火取暖，还用于"打边炉"，煲汤，煲猪脚。

烧炭和卖炭，曾是农民农闲时的副业。烧炭虽是粗重工，但装窑、烧窑、封窑诸环节，都有门道。特别是烧窑看火候，必须老炭工，若烧过了头，见灰不见炭，徒劳无功；封火过早，则炭心仍是木质，烧成"生炭"，用时冒烟，又炭温不高。烧炭最辛苦的活，是出窑。弓脊屈膝，窑内搬炭，又热又闷，呛人的火烟气，扑面钻鼻。卖炭汉，总是指甲黑、鼻孔乌。

木炭的烤火功能，逐渐被家用电器取代。

卖炭汉穿着单薄，却
盼天寒炭好卖

2005年 广东连州

卖蜂窝煤

2016北京国际设计周，中国人的集体记忆——"手扶拖拉机"和"蜂窝煤"，获年度经典设计奖的提名奖。活动由国家文化部（现文化和旅游部）和北京市人民政府共同主办。

蜂窝煤获提名奖理由是：1949年，蜂窝煤由德州市燃料公司退休职工郭文德发明；1950年，德州市南门外"工业家庭社"商号开始经营经济煤球，后被人们称为蜂窝煤。半个多世纪里，给全中国许多家庭带来了温暖。

蜂窝煤问世，是一次家用能源革命。之前，都烧实心煤球，不易燃，捅煤炉时，满屋灰尘。蜂窝煤发明后，煤烟和煤灰都减少了，而且省煤。从此，蜂窝煤企业发展，遍及全国。

无烟煤混黄泥、木屑或木炭粉，用模具"印"成圆柱形煤饼，有孔如蜂窝，即为蜂窝煤。标准为十二孔，亦有九孔，孔越少、越大，火势越猛。为何打孔？使煤饼与空气的接触面增大，燃烧更充分。蜂窝煤慢燃慢灭，冬天，家庭用煤炉取暖、烧水、做饭，一天四五块蜂窝煤，"火种"不灭。有家庭为省钱，上煤场拉原煤，回家打碎，按比例混合黄泥等，添水捣成煤浆，自己动手"印煤饼"。

送煤工拉车蜂窝煤，街边候卖。问价，七角钱一只。送煤工说，今日一只蜂窝煤也没卖出去。又说，旧时这条街，全摆卖蜂窝煤。如今只剩两台三轮车，都烧煤气了，用蜂窝煤的人越来越少

2016年 广东乐昌

卖热水瓶

热水瓶，俗称暖水壶，家庭日用品，竹篾、铁皮、塑料为壳，内装瓶胆。瓶胆双层玻璃，胆壁涂水银，中抽真空，软木作瓶塞，其功能是保温。盛热水的叫热水瓶。另有盛冷食如冰棍之类，则叫冰瓶。

计划经济年代，物品匮乏，热水瓶及搪瓷杯、搪瓷脸盆，为单身汉标配。新婚之际，红底双喜的热水瓶，既是日用品，也是摆设品。那时，热水瓶还是时兴的礼品。新居入伙，送热水瓶；毕业谢师，亦送热水瓶。

各级单位的奖励，如劳动模范、先进工作者，亦奖热水瓶。70年代末，我在百货公司当美工，常备两瓶油漆，一红一黄，为买热水瓶作奖品的单位，写奖项名称，写颁奖单位，浅底者红字，深底者黄字。买热水瓶作礼品的顾客，亦常找我，代写礼贺词。

21世纪初，电热壶、饮水机进入家庭，玻璃内胆热水瓶不再独宠。

老汉赶圩，日用品小摊，挑选
热水瓶。为何耳附瓶口？老汉
说，静听声音，鉴别瓶胆裂否。
回声越大，质量越好

　　　　　2003年　广东阳山

广州上下九商业步行街，有间"秀丽
水瓶屋"，坚持专卖老式热水瓶，并
提供换胆服务。光顾者，或老年街
坊，或怀旧青年

2019年　广东广州

卖土布

所谓土布，即手工织布。旧时布依族妇女，自种棉花，自栽蓝靛，自纺、自织、自染布料，自裁、自缝衣服。家家有纺车、织布机，户户有染缸、染料。

土布曾经时尚，纺织土布原是先进工艺，领先世界。元代黄道婆，改纺织工具，传棉纺织技术，有布业始祖之尊。

机织布取代手织布，百年之长。晚清《营业写真》，有《卖布图》，配俚词云："乡妇高声喊卖布，此布却是本机做。我人若有爱国心，共应出钱买土货。乡妇近来思想新，也能机上织毛巾。携来一并街头卖，模仿洋机略救贫。"晚清乡妇已知"土机"难敌"洋机"。时尚物品，众人趋之，何关"爱国心"？

土布粗糙，却厚实耐磨，透气吸汗无静电，又色泽古朴。少数民族地区，土布传承至今，是民族服装之需。

新闻："80后"侗族小夫妻，放弃都市高薪，回乡开网店卖土布，远销海外，年挣"百万"，带动八十多农户纺织土布。此土布非彼土布，传承后创新，适应当今市场。况网店卖布，与地摊卖布，不可同日而语。

街市檐下摆地摊，老妪卖自织土布，有白土布，有青蓝土布，有花格土布，花色不少，光顾者却寥寥，门可罗雀，闲坐无聊比织艺。

2007年 贵州 罗甸

273

卖砧墩

厨房案板，有两款：原木横裁为圆墩，叫砧墩；纵裁为矩形板，叫砧板。砧墩或砧板，家庭厨房必备，城乡皆然。有多少家庭，便有多少案板，甚至不止。如今，许多家庭，都有两块以上案板，切生和切熟分开，另有剁骨头专用的砧墩。在乡村，见过剁辣椒专用砧板，四周木方包围。

过去，乡村都自找木锯案板，松木、樟木、榆木、柳木、荔枝木、龙眼木，都可以，因地取材。菜之不丰，案板又有何穷讲究呢？

若谁家有红白喜事，要办酒席，宗族祠堂备有碗筷、桌凳、大锅和砧墩，族人可借用。

当今市面，案板五花八门，辨不胜辨。材质有木有竹，有塑料有玻璃，还有高硬度稻壳。

小小砧板，可鉴社会之变迁。

街边，卖木砧墩者，不断为木砧墩浇水。
旁有好事者言："买砧墩，钢箍铁箍包边的，
不要买；有薄膜包装的，也不能买，拆开
一干燥，就变形。要买裸墩。你看，木砧
墩浇水，就是怕干燥开裂。"
2008 年 广东英德

卖棉花糖

"80后"的零食之忆，最深刻者，莫过于棉花糖。人未放学，就侧耳听市声，街上吆喝声中，有无棉花糖。总念着推单车的卖糖人，以及车尾架上那台神奇的绕糖机。

买，或不买，总喜围观：舀小勺白糖，放入旋转的糖机里，转眼间，白糖变为银丝，转轮壁缠绕手中的小竹签，渐绕渐大，银丝绕成絮团，雪白蓬松如棉花，棉花糖即成。其成型过程，比吃更令孩童着迷。一签棉花糖在手，其形硕大，其轻无比，边玩边吃，平添了不少乐趣。

化学老师因势利导：蔗糖是一种粒状的立方晶体，其分子排列整齐有序。一旦蔗糖进入制糖机，分子结构就发生变化，变成丝状物质，绕在竹签上，就是棉花糖。

卖糖人做的是生意。其赚钱空间，全在这"泡沫经济"——一斤白糖，可旋出上百个棉花糖。小本致富的简易项目，多少白手创业者的梦想！

当今零食市场，五彩缤纷，琳琅满目，纯白色的棉花糖球，如何斗艳？花式棉花糖机应时而生。新生代棉花糖，其形不仅似球，更多是心形、星形、伞形、帽形、葫芦形；其色不仅是棉花白，五颜六色随君意；其味，草莓、甜橙、葡萄、香蕉、菠萝、薄荷、蓝莓，任君选。

休说怀旧，还在创新。

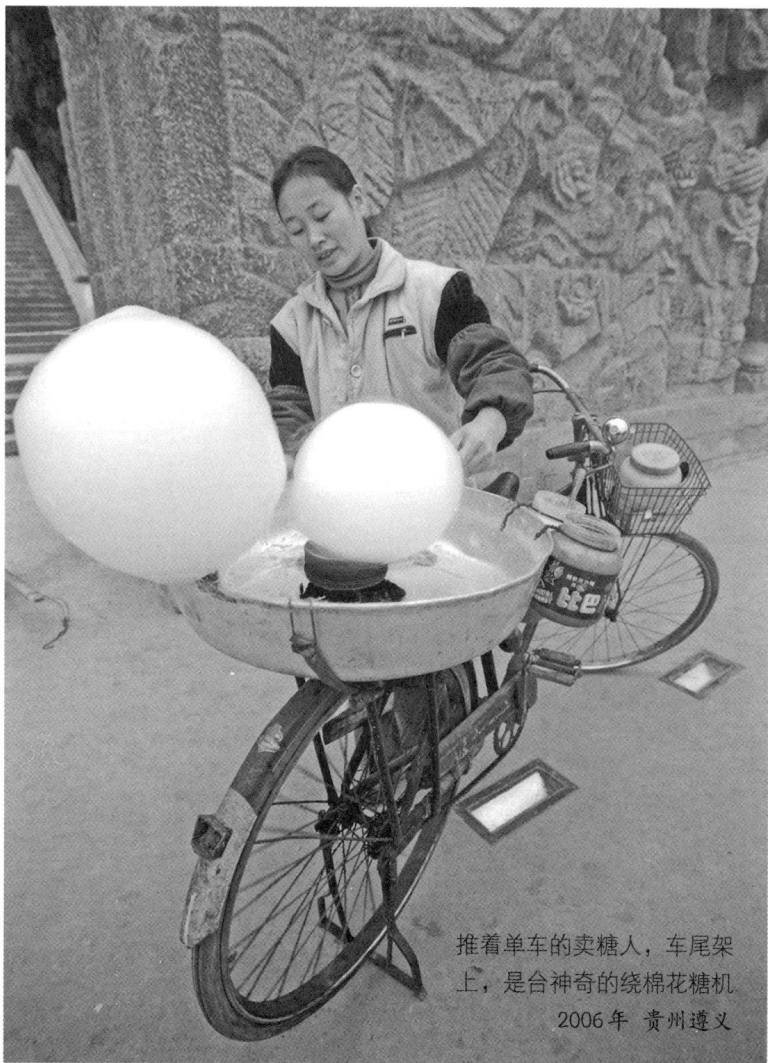

推着单车的卖糖人，车尾架
上，是台神奇的绕棉花糖机

2006年 贵州遵义

卖麻糖

有人买麻糖。卖糖人即放下背篼，掀开提篮的包装袋，里头搁着大块麻糖，色微黄。卖糖人手中的弯铁响器，光滑而白亮，上窄且厚，下宽而薄，此刻转变职能，成为一把切糖刀。铁榔头轻敲刀背，敲切出小块，杆秤过秤。明白了——麻糖为何叫"敲糖"，又叫"叮当糖"。

卖糖人说，家在四川内江郊区，年已花甲，儿女都不同意他背井离乡，四处游走卖麻糖。他说，来到此地，租了个地方，煮饴糖、扯麻糖，卖几个钱自己用，自食其力才舒服。说起家乡，卖糖人有几分骄傲：知道吗？内江盛产甘蔗，都叫"甜城"，过去是"三里一糖坊，五里一漏棚"。大江南北，到处都有甜城卖糖人。

敲麻糖世代相传，成川东地域文化符号，外埠人也许陌生。但说饴糖、饧糖，或许你知。东汉《释名》："糖之清者曰饴，形怡怡然也；稠者曰饧，强硬如锡也。"强硬如锡的饧糖，就是要敲切的麻糖。

说"麦芽糖"更普及，中学课本里，"淀粉在人的口腔中咀嚼，在唾液的作用下转变为麦芽糖"。麻糖主要成分是麦芽糖，最原始的甜。用功学生都记得，懒学生只会唱周杰伦的《麦芽糖》。

卖糖人背个背篼，上叠提篮。左手握铁榔头，
右手执铁板，边走边敲
2018年 广东清远

卖冰糖葫芦

竹签串野果，蘸麦芽糖稀，遇冷风即硬，成冰糖葫芦。冰糖葫芦，原是我国北方传统零食。清代《燕京岁时记》说："冰糖葫芦，乃用竹签，贯以山里红、海棠果、葡萄、麻山药、核桃仁、豆沙等，蘸以冰糖，甜脆而凉。"山里红即山楂果，冰糖葫芦主要食材，甜中带酸。

民间野史：宋光宗最宠爱的黄贵妃生病了，面黄肌瘦，不思饮食。御医用尽贵重药品，不见效。爱妃日见憔悴，整日愁眉。光宗无奈，张榜求医。有江湖郎中揭榜进宫，为贵妃诊脉后说，用冰糖与红果（山楂果）煎熬，饭前吃五至十枚，不出半月，病准见好。将信将疑，贵妃依嘱服，果然病愈。此法传至民间，就有人将冰红果串之，市上卖，世间便有冰糖葫芦。

旧时，北京人岁时逛厂甸，冰糖葫芦是标志性食品。民国初出版的《京华春梦录》记述："迨性闺春倦，买布偕返，则必购相生纸花及大串糖葫芦，插于车旁，疾驶过市，途人见之，咸知厂甸游归也。"

今冰糖葫芦做法已衍生新花样：山楂去核，加核桃仁或红豆沙；桔子去皮，与山楂、草莓同串，混搭成"葫芦"；糖膜沾葵花籽，改变风味与视觉；等等。

冰糖葫芦，原是我国北方传统零食

2006年 河南洛阳

卖『鸡公榄』

在广州，行上下九步行街，必见一道风景线——大叔孭（背）只纸扎公鸡模型，吹着唢呐，叫卖橄榄。卖榄人先用唢呐摹拟鸡公叫声："嘀嘀嗒，嘀嘀嗒"，之后粤语叫卖："一蚊（元）一包，有辣有唔（不）辣。"过路街坊，或掏钱买榄，或驻足合影。

"鸡公榄"，白榄腌制而成的零食，入口爽脆，味道多样，甜的叫"和顺榄"，咸的叫"甘草榄"，辣的是"辣椒榄"，任君选择，深受老广喜爱。

"当街卖榄，唔怕被捉？"有街坊好奇。大叔笑笑，指指"鸡公"胸前的"工作证"，说自己是荔湾辖区的失业人员，在区文化交流协会的帮助下，获准在上下九步行街卖"鸡公榄"，既传承老西关文化，又解决生计问题。

老一趟广州人都知，旧时西关有个卖榄人，名叫"鸡公福"，原系粤剧艺人，后改卖榄，每每吹笛画花脸，逗孩童开心，十分有趣。

有文人写粤语童谣《鸡公榄》，在校园中传唱："哥哥仔，走西关，身上孭只大鸡篮。鸡公榄两头尖，有甜有辣任你拣……"

食"鸡公榄"爽口，唱《鸡公榄》开心，卖"鸡公榄"辛苦。大叔孭只鸡公模型，十几斤重，早上九点半至晚上九点半，孭十二个钟，几辛苦。

大叔孭只纸扎公鸡，色彩缤纷，吹着唢呐叫卖橄榄

2018年 广州

卖蜈蚣

　　春捕蜈蚣，是乡民副业，择山野阴湿处，晚上电筒照，白天锄头挖。据说，蜈蚣冬眠，被惊蛰雷惊醒后，至清明季节，都易捕捉。蜈蚣喜食肉，一冬不吃不喝，虫体纯净，入药最好。立夏之后，蜈蚣始繁殖，乡民就不捉了。

　　蜈蚣，多足动物，又称百足虫。民间世传，蜈蚣为"五毒"之首。哪五毒？蜈蚣、毒蛇、蝎子、壁虎和蟾蜍，都可入药。东汉《神农本草经》说，蜈蚣"啖诸蛇、虫、鱼毒"，敢啖蛇虫者，是毒中之毒。中医学认为，蜈蚣性味辛、温，有毒，入肝经，有解蛇毒、疮毒及止痉挛的作用。蜈蚣入药，以毒攻毒。李时珍说，行而疾者，唯风与蛇。蜈蚣能制蛇，故亦能截风，是厥阴经药。

　　蜈蚣遍及世界各地，研究人员统计，已发现三千余种。药厂和药店，大量收购蜈蚣；网店也卖蜈蚣干品。野生蜈蚣，资源渐少。乡村农户，纷纷养殖蜈蚣。成功致富者，称"我养蜈蚣，蜈蚣养我"；失败亏本者，谓"蜈蚣养殖宝典"是骗局。

村姑街边坐，摆地摊卖蜈蚣。说是山上野生，石头底下翻捉。问其用，做药材。蜈蚣节节有足，双须歧尾；薄篾片，两头尖，分插头尾。说是借篾青弹力，伸直蜈蚣，好晾晒

2005年·广西南丹

歌书摊

乡间集市，见老汉摆地摊，摇头晃脑，捧书吟唱。细听，是客家话。吟唱累了，放收录机继之。一群少年围观，间中，亦有老者。

趋前，且听吟唱——

世间最重是生命，勿贪口腹宰生灵。

天曹罚恶首奸律，切勿嫖赌恶邪淫。

休恃富贵压贫懦，莫因穷困起盗心。

一心一德唯安命，顺时听天学贤人。

……

老汉手里，拿着一册复印本，毛笔手抄，名叫《救劫灵丹真经》。稍停片刻，再换一册《瑞狮说答集》，接着又吟唱。

唱书为何？为卖书。卖何书呢？

看地摊，有《孝儿经》《怀胎书》《学堂开》《探亲歌》《师爷歌》，有《新婚门联》《生意门对》《进伙对联》，还有《汤头秘诀三十方》《好心修善因果录》《瑞狮新狮开光说彩》……林林总总，数十种。说是书，实则毛笔手抄本，再复印。内文多为骈句韵文，以客家话写成，好吟易记。乡间粗通文墨者，皆可阅读。乡土文化，如此这般顽强地传承。

一摊书，若按种类买齐，只需百余元，就得地方乡土文化"小百科"。

今"扫黄打非"，是打击"非法出版物"，当作别论。

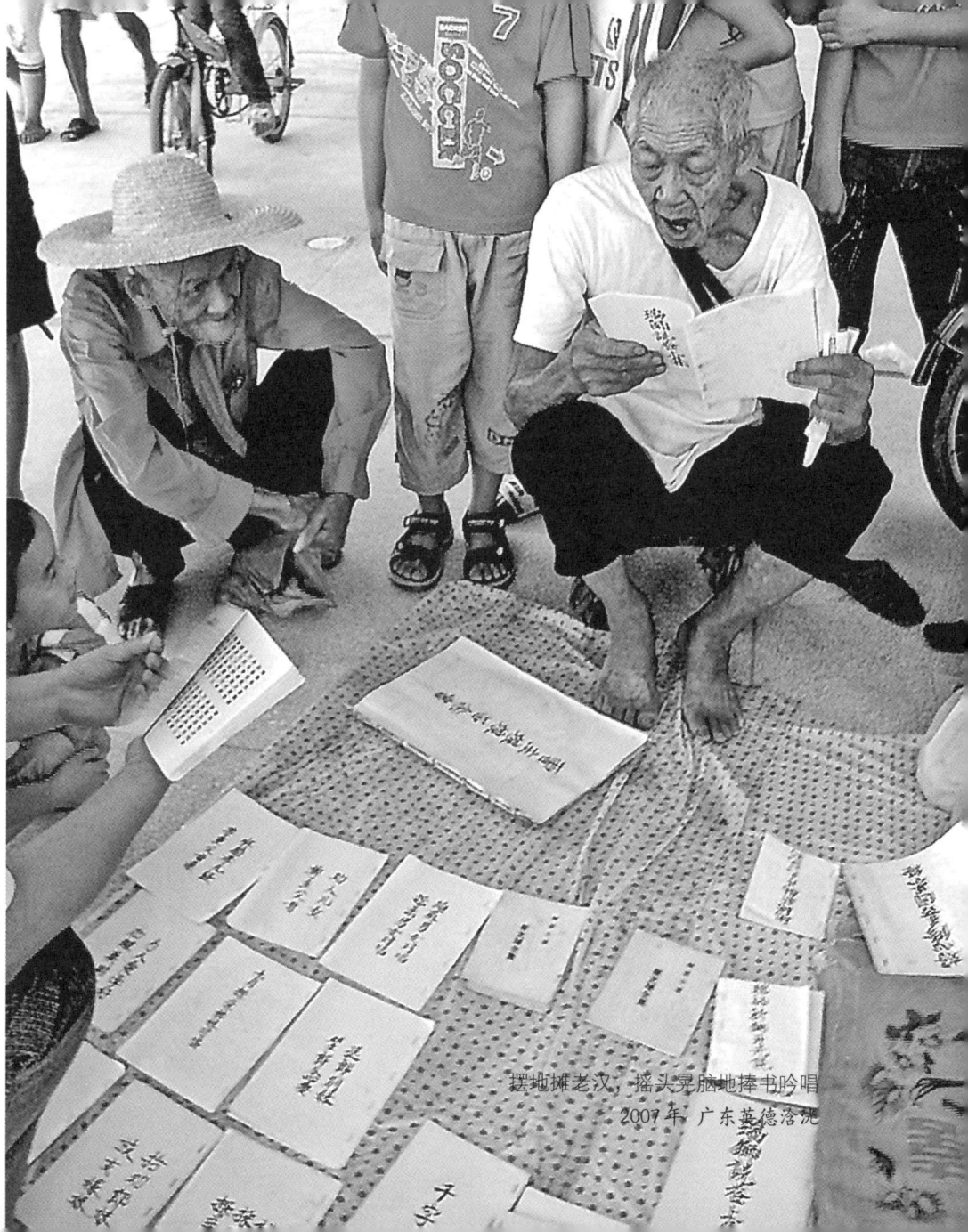

摆地摊老汉，摇头晃脑地捧书吟唱
2007年 广东英德浛洸

货郎担

　　今之货郎，多为外埠人士，本地人鲜有为之。游走则无客，搁担即歇业；雨躲屋檐，晴寻树荫；若非生活所困，谁甘离乡别井图此小利呢？经商者，都愿空调店堂为坐商，夏蔽烈日，冬挡寒风。货郎却无奈，资金无处筹，铺租无钱交。只能是生意且行且做，生活得过且过。

　　至于轿车顶摆卖皮鞋，摩托尾拉卖皮包，那是货郎的新形式。

　　"鼗鼓街头摇丁东，无须竭力叫卖声。莫道双肩难负重，乾坤尽在一担中。"在交通闭塞的古代，货郎担领物流之先；今浙江义乌"货郎先生"，又领小商品连锁供应之先。"货郎先生"是"坐商"，货郎担则是"行商"。

一担彩货，铜铃铛替代摇鼓，货郎担穿梭于街市之间

2000年　广东清远

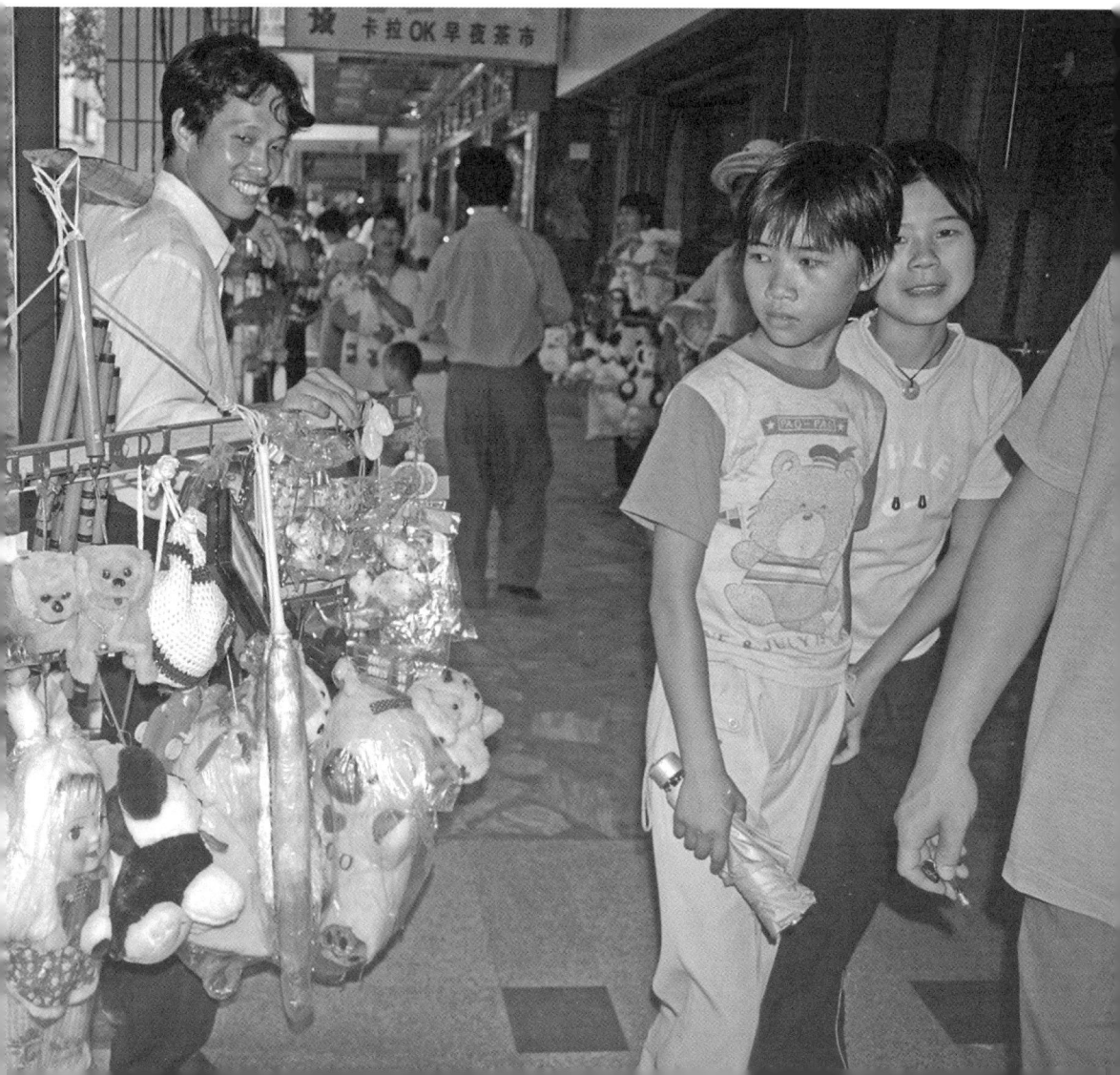

卖菜担

一副卖菜担子，一头是孩子，一头是生计。孰轻孰重？都重，谁都有舐犊之情，亦懂得以人为本，但人的生存离不开生计。这是一副两难的担子。当生计问题解决之后，孩子那头才会显得更重。

每天，蔬菜都与生计须臾难分，不仅是菜农的生计，亦是城镇居民的生计。当今超市，蔬菜品种琳琅满目，南葱北蒜，应有尽有；瓜菜色彩缤纷，卖相诱人，包装整洁；逛超市买菜，推着小车，吹着空调，悠哉游哉。

超市环境舒适，菜蔬不缺，公秤公平，又为何还光顾街边巷口，在卖菜担子上挑挑拣拣，与卖菜妇讨价还价？或贪便利就近，或图时令菜鲜，或求农家菜园原生态。

天微亮，农妇就下地摘菜。之后，肩挑菜担，走几里或十几里，入城串街过巷，常常被赶而"走鬼"。卖完菜，还要赶回地里，打理菜园。若遇旱涝，瓜菜减产，乃至绝收，菜价自然升高，菜农叹息，街坊抱怨。关乎菜农与街坊生计之业，城市管理者宜宽容之。

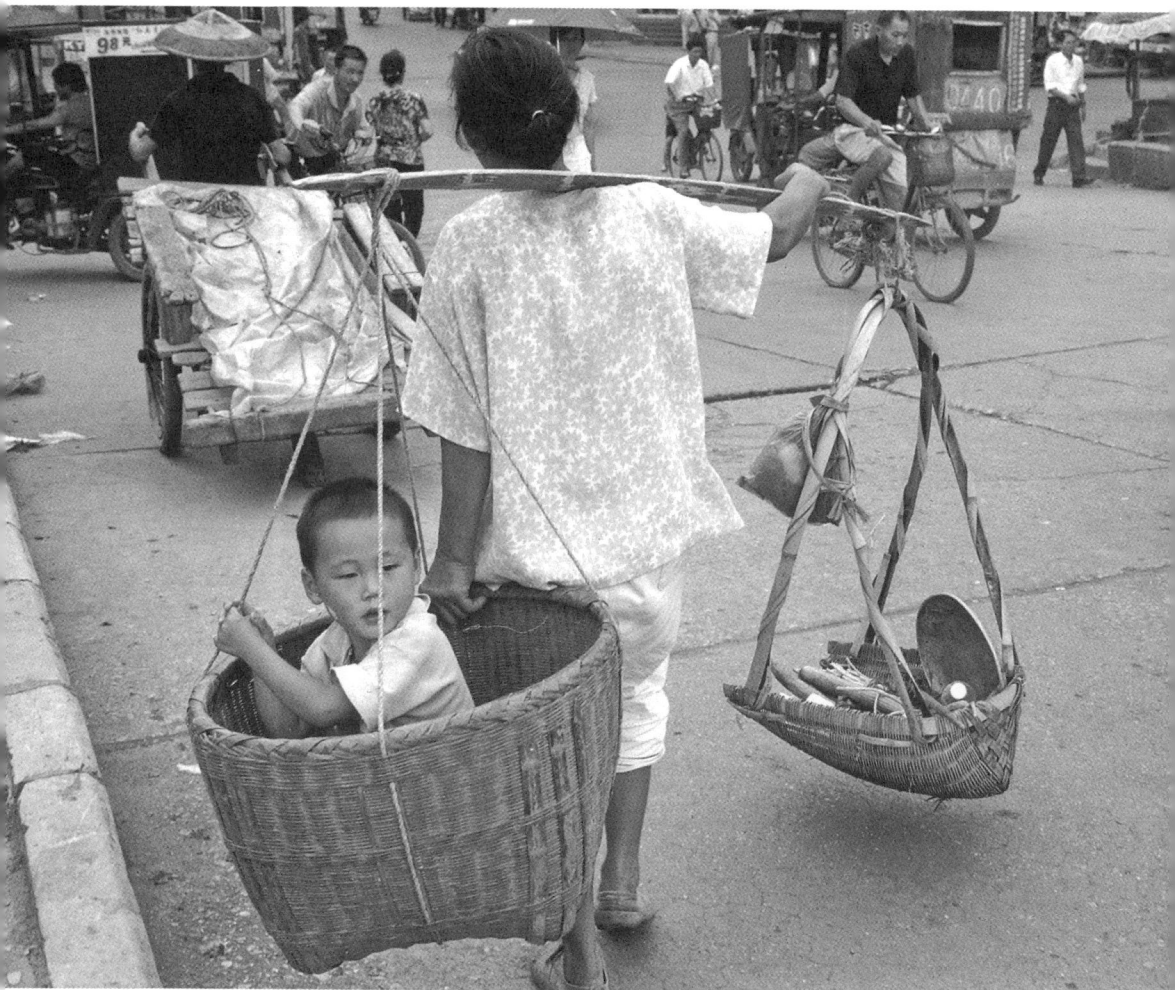

农妇挑着卖菜担子，一头是箩筐，装着孩子；一头是畚箕，装着瓜菜
2004年 湖南宁远

豆腐担

旧时话，人间有"三苦"——撑船、打铁、卖豆腐。豆腐有油豆腐、水豆腐。单说卖水豆腐，要三更起床做豆腐：选黄豆，之后脱皮、泡豆、磨浆，经过布滤、煮浆、冷却、凝固，最后成型。豆腐虽小，工夫不少。卖水豆腐，还要赶早、趁热、就新鲜，五更豆腐天亮卖。

一副担子，照板豆腐，肩挑唤卖小生意，挣点辛苦钱，买柴米油盐，维持一家生计。

卖豆腐做成大生意者，也有。话说清朝乾隆年间，山西祁县乔家堡农民乔贵发，幼年父母双亡，寄养舅父家，穷困潦倒之际，与秦姓兄弟走西口，在包头磨豆腐、卖豆芽。赚到首桶金后，经营豆腐坊，进而储存、买卖豆子，还用豆渣喂猪、酿酒，打通豆腐行业上下游，形成一体化产业。继续扩展，创设"复盛公"商号，创造出"先有复盛公，后有包头城"的商业神话，留下了"乔家大院"文化遗产。

无独有偶。当初，晋中巨贾王家，其祖先也是挑着豆腐担，走街串巷。之后，由农及商，由商而官，家业渐大，家资渐厚，竟成"三巷四堡五祠堂"的"王家大院"家业。

那是不可复制的个案，挑豆腐担，总是生意不大，架子大。

一条扁担；两个木架，各承方形木板；板上，白布裹盖着一托水豆腐，颤悠悠、水汪汪、热乎乎，俗称"托板豆腐"。民间歇后语形容："卖豆腐担两戏台子——生意不大，架子不小。"

2007年 广东阳山

豆腐花担

清代名医王孟英《随息居饮食谱》记述："豆腐，以青、黄大豆，清泉细磨，生榨取浆，入锅点成后，软而活者胜。点成不压则尤软，为腐花，亦曰腐脑。"

豆腐花，或叫豆腐脑，城乡寻常小吃，老少咸宜。在乡村，挑着豆腐花担串村巷，走田头，脚步要匀，肩上要稳，晃动大，成桶豆腐花会晃成水。农夫喝豆腐花，无须汤勺，手托碗底，嘴唇转转，就一碗，连喝三五碗，既解渴，又充饥。

城镇人吃得精，豆腐花，要热。故豆腐花担还需添个小火炉，烧炭，或烧煤。盛豆腐花亦讲技巧：平勺盛入碗，碗中豆腐花凸似馒头；浇调料汁，从豆腐花上流向碗四周。佐料有小葱、蒜泥、香菜、紫菜、榨菜、虾皮，调料备酱油、麻油、辣油、陈醋、味精，可谓色、香、味俱全。

豆腐花含植物油，优质蛋白丰富，有"植物肉"之誉。两小块，即满足一人一天的钙需。卖豆腐花，仍是"朝阳"行业。

乡村"豆腐花担",前担是圆木桶,盛着白嫩的豆腐花;后担为方木架,架面放佐料,上格置小抽屉,放碗和汤勺,下格搁小桶,装着清水

2005年 广东英德

「走鬼」胡琴

"走鬼"卖琴，是传统。晚清《营业写真》，有"卖和琴"图：肩挽一捆琴，手拿一把琴，边走边拉，招徕顾客。其词曰："和琴本是西番乐，靡靡之音荡人魄。所以不登大雅堂，正乐之中用不着。叫化胡琴一黄昏，一学便会易入门……"和琴即胡琴。民间谚云：千日琵琶百日琴，叫化胡琴一黄昏。旧时，琴行为何不卖胡琴？叫化胡琴，半天学会，"正乐"不用，难登大雅之堂。

卖琴"走鬼"，人贱之。唐人李冗《独异记》，有摔琴赠文的故事，文人陈子昂说"此乐贱工之役，岂宜留心"，举而碎之。

而在民间，胡琴却是极普及的乐器，退休赋闲者、引车卖浆者、街边行乞者，都能游弓两弦间，拉出的曲子，或悲或喜，如醉如痴。胡琴，是百姓娱乐宣泄的乐器。盲人阿炳，沿街胡琴卖唱，一曲《二泉映月》，世代流传。

胡琴又称二胡、南胡。唐之奚琴，宋之嵇琴，今之胡琴，千年一脉相承。胡琴的"同族兄弟"有京胡、板胡和高胡。胡琴制作，或简易：仿红木琴杆，竹琴筒，筒上蒙蟒皮，竹子弯弓，弓绷马尾。"走鬼"卖的胡琴，多为自制。专业胡琴，必出自工艺师之手，做一把琴，从选材、加工到调试，要几十道工序。

胡同拐弯处停车，单脚
立地，肩挽一捆胡琴，
腰插几支洞箫

2005 年 北京什刹海

陆

江湖
营生

耍皮影

皮影，又叫"灯影戏"，白幕布后，艺人边操纵剪影人物，边用曲调唱述故事，弦乐、打击乐配之。旧时无电，蜡烛为灯，照射兽皮剪影。皮影，是古老的"电影"、古老的"动漫"。

沿华光楼码头上街，找到"川北王皮影餐馆"，街坊说，此地是旧时皮影戏馆。戏馆兼营餐馆，可见民间技艺生存之难。打听得知晚上有皮影表演，票价每人五十元，包场八百元。听说客从广东来，服务员很热情，说开专场即演。四人算散客，每人五十元。小戏馆木靠椅间茶几，可坐五六十人。服务员张晓芬亦皮影艺人，"王皮影"第七代传人王访的夫人；王晓彬是第八代传人，皮影艺术团团长王彪之子。先演《千里走单骑》。器乐和唱述，光碟替代。川腔似懂非懂，表演惟妙惟肖，忍不住幕后偷看。莫急莫急，等会可参与体验。之后是《迪斯科皮影》，当代人物剪影，时尚音乐伴奏，观众可至幕后过把艺人瘾，说是创新，终觉不如传统皮影有"戏味"。四人专场，两人表演，意犹未尽。戏馆出，入餐馆，以微薄之意，支持"川北王皮影"。

清康熙初年，王家禄始创"王皮影"，至今逾三百年。当代王彪、王访兄弟传承，已拥有两项桂冠："世界人类非物质文化遗产"，"国家非物质文化遗产"。

皮影幕后，两位艺人表演《千里走单骑》

2008 年　四川阆中古城

『湖广班』

粤北连州有个丰阳镇，丰阳镇有个丰阳村，丰阳村有座古戏台，逢祖诞，必请"湖广班"唱戏，一唱就是三天三夜。唱啥戏？唱祁剧。

祁剧为湖南地方戏剧种之一，因发祥于祁阳而得名。清康熙、乾隆年间，祁剧流传至桂、粤、赣、闽、滇、黔诸省，达到鼎盛时期。郭沫若认为，祁剧是中国名列第二的优秀剧种。

"湖广班"唱"祁阳官话"，唱什么呢？唱《白蛇传》，唱《咬金上寿》，还唱《三毛箭打鸟》，传统戏文，丰阳村老者皆耳熟能详。如今后生不大懂，也来凑热闹。广东人为啥听湖南戏？丰阳镇与湘南交界。

丰阳镇有个夏湟村，旧时，逢年过节，都要到湖南临武、宜章、蓝山、宁远等地请祁剧班唱戏。村中老者说，从正月初一唱到十五；二月初二要唱土地寿诞戏；五月十三是关公磨刀日，要唱一个月关公戏；十月十五是黄姓夏湟支脉祖诞，要唱七天戏；庙会打醮，要唱七天《目连救母》；大旱之年，要请戏班唱戏求雨。夏湟村请戏班有老规矩，戏金由各个门楼筹集，一个门楼唱一天。每个门楼都有演戏基金会，有专款供演戏之需。

至今，夏湟村还有"黄家班"唱祁剧，清朝初年，"黄家班"便小有名气。

丰阳村庆祖诞，必请"湖广班"唱祁剧，全村男女老少都来看戏

2006年 广东连州丰阳镇

侏儒卖艺

"演艺大篷车"，不知哪里来，载着一群侏儒——"超级矮星八怪演唱会"，四处巡演，十元一张门票，观者甚众。

侏儒卖艺表演，古今皆有。先秦古籍《孔子家语》，首篇《相鲁》就有侏儒记述：齐侯命"奏宫中之乐，俳优侏儒戏于前"。即宫廷音乐声中，侏儒小丑上场表演滑稽节目。俳优，以乐舞谐戏为业的艺人。有学者认为，俳优和侏儒，在古代戏曲艺术中，作用特殊，他们与倡优、女乐，构成宫廷伎乐文化四大主体。

今昆明西山区"世界蝴蝶生态园"，园里有"小人国"，百名"国人"来自各地，都是成年男女，身高不到1.3米。他们一起种菜种花，养猪养狗开餐馆，自食其力，还成立"小人国艺术团"，为游客表演杂技、魔术和歌舞，社会尊重，各界支持。

"超级矮星八怪演唱会"四处巡演
2005年 广东连山

响器班

老家有一支唢呐。听父亲讲，祖父曾在"响器班"吹"八音"。

祖父其实是农民，凡遇红白喜事，才被请去吹"八音"。

"八音"是吹打乐组合，流行于我国南方；八人为班，二人吹唢呐，敲鼓、锣、铙各一人，敲大小钹各一人，又一人挑器具；唢呐主奏，又称唢呐调，有曲谱和曲牌；可以且行且吹打。各地"八音"组合，大同小异。

响器班无专人指挥，彼此从手势或眼神中领会节奏，随时切换仪式音乐场景。

乡间红白喜事，都要请"响器班"。"红喜事"，包括男婚女嫁、生儿育女、贺生庆寿、新居乔迁、兴业开店、金榜题名等吉祥庆典；"白喜事"即喜丧，民俗认为，逝者年过花甲，儿孙满堂，属福寿兼备，是为喜。婚丧嫁娶，吹奏曲谱各不同，新人拜堂，多奏《报母恩》或《拜调》；老人出殡，则奏《哭相思》。红白喜事多由亲友出资雇请，报酬随行就市。响器是乡间普及的仪式音乐，乡人闻其声，就能辨事之红白。

调是老调，器是旧器，人是老者，"八音"声渐稀。于是，洋鼓、洋号、洋响器，俊男靓女吹新调、奏流行曲，逐渐流行乡村。

乡间白喜事的"响器班"，且行且吹打
2005年 江西婺源

洋乐队

洛阳水席楼，请来军乐队招揽客人。准确地说，是吹洋号、打洋鼓的洋乐队，仿军装而已。顾客无多考究，热闹就行。

军乐源自欧洲。14世纪，乌尔汗统治奥斯曼帝国期问，建立了世界上首支军乐队。之后，波兰、德国、奥地利、俄罗斯等国，亦有了军乐队。

军乐队，军队中的军乐团体，由铜管乐器，木管乐器和打击乐器组成，人员编制与乐器有严格配置。现代军乐队，少者十几人，多则数十人，甚至上千人。

1899年，袁世凯把欧洲军乐队引入，穿的是旧式水师制服。慈禧视察时，洋乐队奏《马赛曲》迎接，得意扬扬的老佛爷，正谋划向法国诸夷邦宣战，却不知，奏的是法国革命歌曲。

旧时，民间办红白喜事，需请响器班子，唢呐队，或八音班。遇白喜事，如给老母亲送殡，唢呐吹奏，曲牌是《哭相思》《上路曲》之类。今改为请洋乐队，吹洋号，打洋鼓。洋号吹奏《世上只有妈妈好》，之后是《潇洒走一回》。

水席楼前的洋乐队，一支萨克斯管，一支小号，一个架子鼓和一架电子琴，四人成乐队，为歌手伴奏，非正规编制的洋乐队，只为弄些动静，引人关注，犹如吆喝揽客

2006年 河南洛阳

摆摊代笔

一本通书，数支毛笔，半砚残墨，于街边市侧一坐，即可糊口谋生。

摆摊代笔，文墨要通，民俗也要通，对联帖式，合同地契，寿诞礼仪，婚丧习俗，忌宜事象，良辰吉日……都要无所不通。如不通，翻翻《通书》便通。俗语讲：一本通书读到老。

也曾有不需《通书》的年代。那年代，无论父子、夫妻，还是师生、同事，全民书信，一律相互"致以崇高的革命敬礼"！

21世纪，老者之外，几乎无文盲。但民俗事象不通者，却更多。故捉刀代笔，生意还有。

其实，捉刀代笔者，又岂止摆摊写手？古代圣旨，凡以"诏曰"开头，即为大臣代笔；当代领导报告，则多由秘书提刀；网络时代，公文、广告软文，凡文章都可按字付费，请人代写。代笔，又成新兴服务行业。

一本通书，数支毛笔，
半砚残墨，街边设摊
一坐，即可代笔
2001年 广东清新

「神鸟」测字

偶遇"神鸟测字"，悄然掏出相机，"咔嚓"一声，拍得存照。围观者惊作鸟兽散——干扰他人生计了。揾食艰难，有点歉意，掏出五块钱来。测字先生倒有职业规矩，说既然收钱，就让鸟儿给你测个字吧。

随即拿出一沓大张的"百家姓"，问："哪张有你的姓氏？"选毕，又拿出一沓小张的"百家姓"，再问："哪张有你的姓氏？"再选毕。就对着笼中鸟儿说："出来吧，测测这位先生之姓？"煞有介事。

鸟儿跳出来了，左顾右盼，之后，在一叠长长的纸签中，用嘴叼出其中一张来。

"姓潘，对不对？""对。"测字先生即喂鸟儿两颗谷物，以示奖励。

神了！围观者又围拢起来。有人怀疑我是"托"，扔下五块钱请鸟儿再测。"对不对？"也对。

我早知，鸟儿随人意，从纸签中叼出被测者姓氏；我早知，是人测而非鸟儿测。我更知，这是数理推演加驯鸟技巧。因为，"破四旧"那年，我读过测字先生一篇文章，自我批判，道出其中奥秘。

"此命推来不般同，心性聪明百事通"，鸟儿叼出来的纸签批语当然不可相信。既然看不出破绽，既然能把鸟儿训练有素，何不以魔术表演视之？

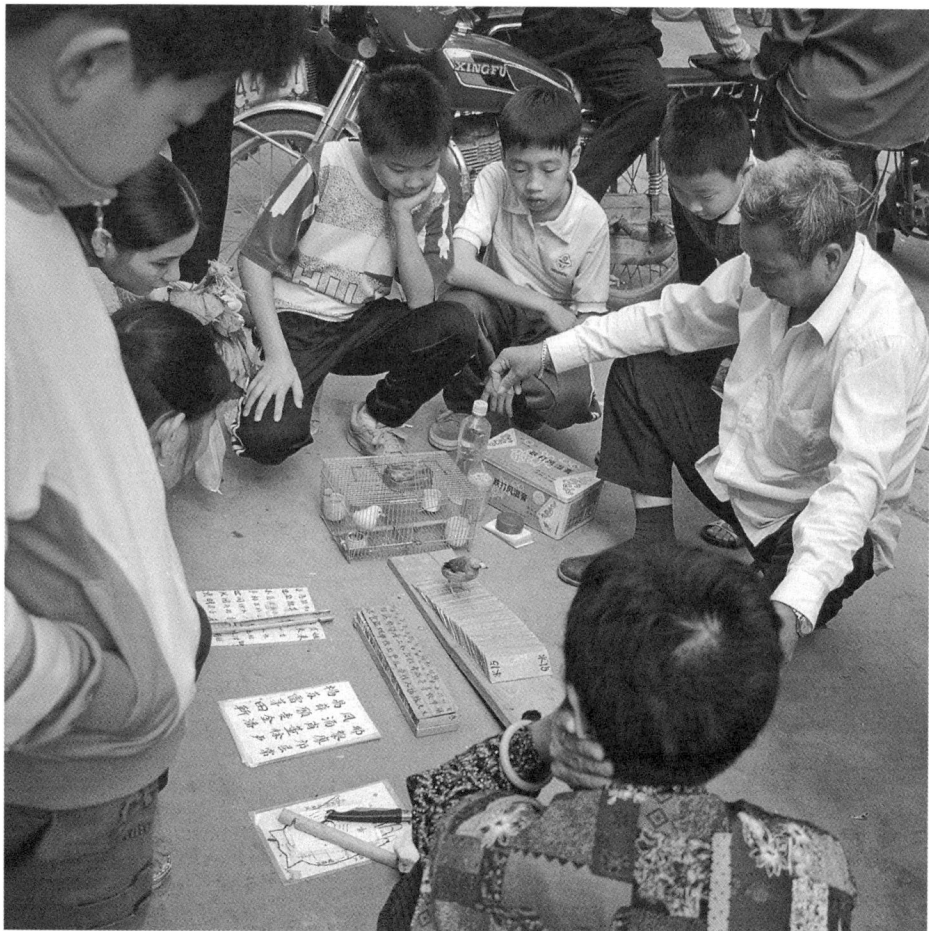

大街围观"神鸟"测字
2000年 广东清远

猴子戏

民间叫耍猴儿，又名猴子戏，操此业者，以猴为戏。清末《营业写真》里，对猴儿戏有描述："猴儿也会玩把戏，兽类之中算灵异。乱翻筋斗弄刀枪，身躯矫健真无比。筋斗刀枪技演完，身骑狗背忽衣冠。世间不少骑马坐轿衣冠兽，我谓可与猴儿一例观。"后句，以猴戏讽刺奸官。

猴子戏是卖艺营生。耍猴人牵猴走四方，人猴共演，为讨观众几个小钱，犹如乞丐。猴子戏遍及城乡，源自何时何方？

汉画像石有百戏图，戏中有猴，驯猴作戏，汉代已兴。迄明清，耍猴者多流浪江湖，以此谋生。清代《燕京岁时记》，杂录北京岁时风俗，其中就有："耍猴儿者，木箱之内藏有羽帽乌纱，猴手自启箱，戴而坐之，俨如官之排衙。猴人口唱俚歌，抑扬可听。古称沐猴而冠，殆指此也。"

江湖上遇耍猴人，多半来自南阳新野。写《西游记》的吴承恩，曾任新野知县两年，美猴王与新野猴戏，有几多渊源？当代新野，仍是猴戏主产地，兴盛时，耍猴艺人超万。新野猴戏，被列为河南省省级"非遗"项目。

那厢游客又一拨，等等，俺老孙来啦！王冠罩头，黄袍加身，俨然大圣也。然而，猴子终成不了大圣——作揖，敬礼，翻筋斗，全听驯妇一槌锣；晃雉翎，逞假威，只博游人一阵笑；铁链拴脖被人牵，景点守候为客演。驯妇与猴子，天天如此

2002 年·广西桂林

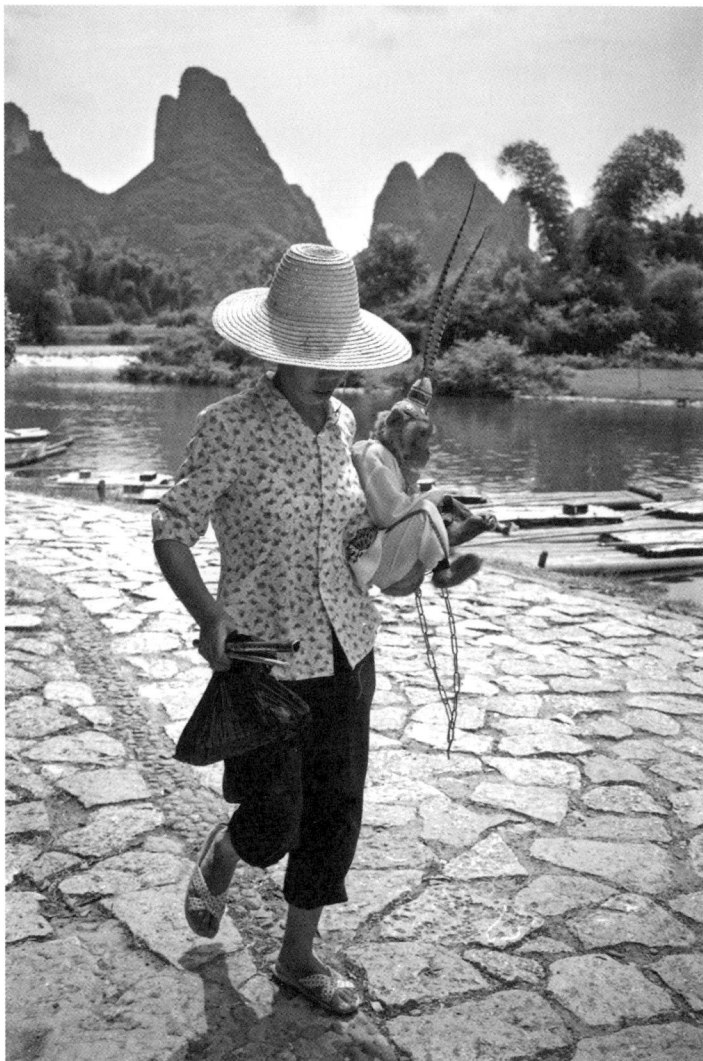

摆残局

街市马路旁，山村榕树下，残局一摆，就有人来。

设局者非闲人，以棋会友为假，以棋谋利是真；恋局者是路人，以棋切磋为假，以棋博利是真。设局者自是高手，或祖存数册古谱，或新学几招技艺；恋局者亦非笨伯，或曾霸一方棋坛，或自恃常人难敌。

红棋先走，任选红黑，和局算赢，貌似公平，然江湖残局皆经典残局，或是其变形，处处圈套，子子陷阱，步步杀机。完全信息博弈，胜负早已确定。棋路仅有一条，若一步差池，则一步输，步步皆输，即平局转败局矣。故此，总以设局者赢而告终。

或遇能破局者，不是职业棋手，便是设局同行，都吃棋饭，往往观棋不语做君子。

偶有自负者，设局寻对手，会各路高人。更有一人摆局，三五个托；或输或赢，制造假象；出谋献策，扰乱思路；围观起哄，抬高价码；乃至帮忙起哄，帮闲打架。

输一赔五，愿弈服输，其实是诱人幌子。设局者清，恋局者迷；名曰切磋棋艺，实质以棋赌利。好胜者，博利者，远离为安。

马路旁残局一摆，守候恋局者来
2000年 广东清远

拔火罐

腰酸腿痛，百姓不觉是病，不上医院，只找街边郎中，拔拔火罐。

民间拔火罐，是可养家糊口之业。当今圩市街边，依然常见。

茶罐、药罐、饮料罐，皆可拔火罐，罐具信手拈来。但见郎中点燃纸片，放入罐中，纸烧毕，速将罐口紧压患处，即被紧紧吸住。如是者再三。郎中说，此与竹罐、陶罐、玻璃罐，乃至磁疗罐、微波罐，疗效相同，都以真空形成负压，紧吸腧穴表皮，使局部瘀血，为刺激疗法。虽是江湖郎中，斯言信哉。

拔火罐，又称"火罐气""吸筒疗法"，古称"角法"。清代，医家以火求"真空"，"拔火罐"始普及。《本草纲目拾遗》"火罐气"有详述："火罐……系窑户烧售。小如人大指，腹大，两头微狭。使促口以受火气，凡患一切风寒，皆用此罐。以小纸烧见焰，投入罐中，即将罐合于患处。"与当今的民间拔火罐，手法无异。

里约奥运会，菲尔普斯等外国体育名将，身上惊现拔罐印记，古老医术，再次让世界瞩目。"古为今用"，无疑；是否"中为洋用"呢？西方古医学也有"杯吸"记载，类似拔罐。若说区别，杯吸疗法重血液，拔罐疗法重穴位；西医的理论基础是体液学说，而中医则用阴阳五行之说解释疾病。

医用玻璃罐拔火罐

2001年 广东连州

药罐、饮料罐，皆可拔火罐

2003年 广东连州

割鸡眼

借屋檐之下行医，家当呢，一布幅一提包一矮凳而已。至于是否祖传治脚病，天知，地知，还有医者自己知。

吾友脚底生鸡眼一颗，行走不便，遂到街边修脚。游医说，挑肉丝一根，收费一元，地摊价。行，坐下开剜。小小一颗鸡眼，竟挑出肉丝七十九根，布满小碟。

治足病之术，源远流长；殷商甲骨文，刻记"病足"。昔者周文王患甲病，有"冶公"者，以"方扁铲"将其治愈。隋朝《诸病源候论》论胼胝（老茧），由表及里。明代《外科启玄》说足疾，图文并重。修脚业盛于清代，为何？官人喜穿靴，妇人兴缠足。

于是乎，修脚治疾之技，民间广泛流传。乡村启蒙读物《五言杂字》，"修脚剜鸡眼"被列入。地域不同，传统有异，吾国修脚技艺分南北，两大流派，三路传承："河北路"以北京为中心，"江苏路"扬州领衔，"山东路"则推济南为代表。

敢笑雕虫小技？修脚持刀有"三法"：捏刀、逼刀、长刀。持脚有"八法"：支、抠、捏、卡、拢、攥、挣、推。修治又有"八法"：枪、断、劈、片、挖、撕、分、刮。

民间修脚高手林立，却无独立足病医科。而街边游医修脚，或祖传技艺，或江湖骗术，信不信？由你。

只盯人足，不看人面；矮凳让客，看脚论钱；削茧拔疣，末等业贱。修指甲，铲老茧；挑肉刺，剜鸡眼；脚丫臭气何曾厌？江湖小技，医院不为，留给地摊游医混饭吃，美其名曰"对君坐"

2000年 广东连州

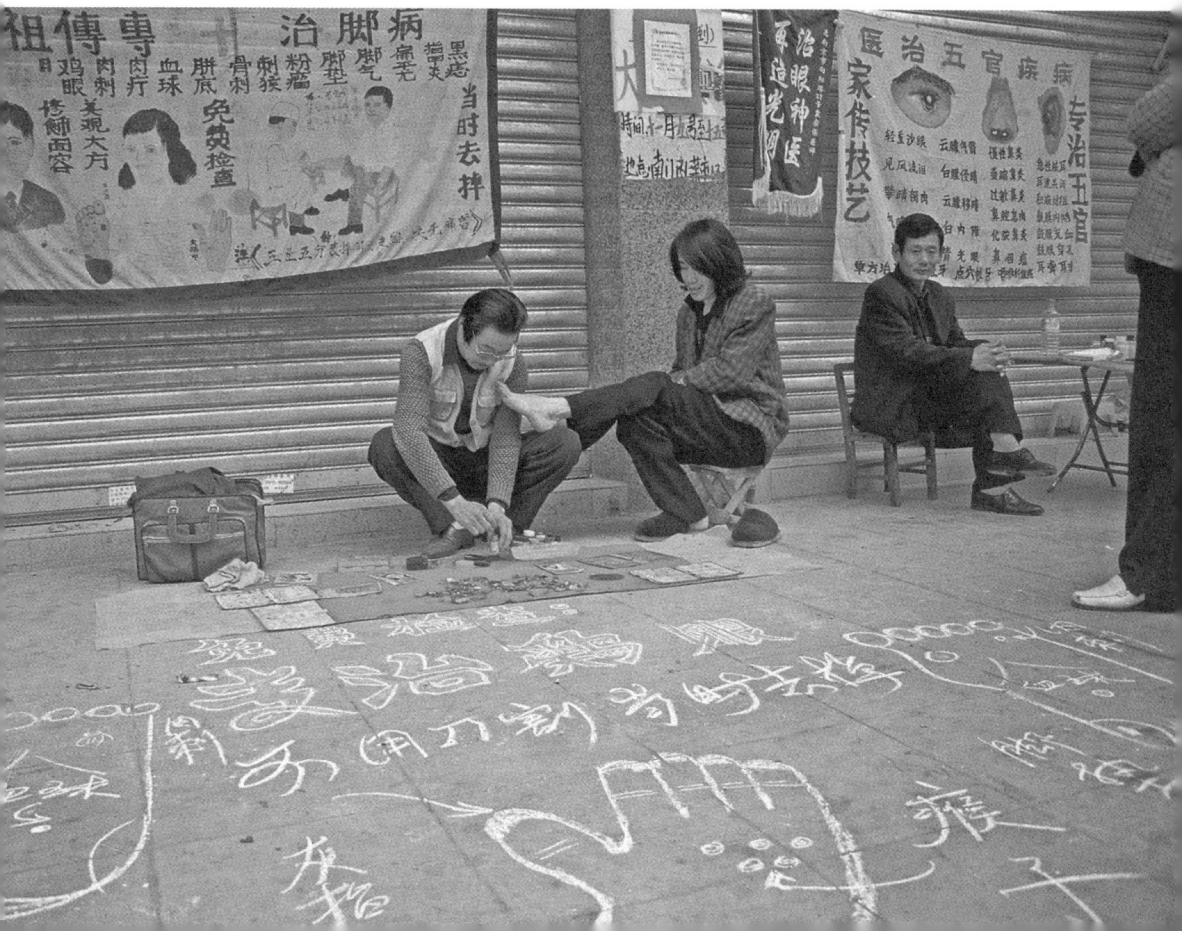

点痣

人各有痣，或显或隐，有大有小，皆从娘胎带来。痣，古人叫黑子，现代医学认为，是良性皮肤肿瘤，不痛不痒，无须治疗。

若痣长于面，"痣生得奇，反成洁玉之美；斑出不异，且是白玉之瑕"。面痣，关乎美瑕而已，似无大碍，但以面相论，则非同小可啊！观面论命，流行民间，点痣转运，随之而生。

话说古镇长街，遇时尚后生，披粉红假发，耳钩唛头，推档车缓行，且行且歌，唱流行之曲，挂面痣之图，点痣是也。

后生三十出头，说操此业十几年，不然，敢高歌走圩？是本地口音，非江湖游医，想必讲口碑。旁有中年妇女，满脸小红点，说刚烧点过痣，过些日子会消失，信街坊。旁人笑道：女人点痣，贪靓。

推档车另侧，挂些小商品，说是走圩顺卖。又挂粉色小牌："上门取痣、文眉、文身、拉面毛。"点痣一技，亦难以糊口。

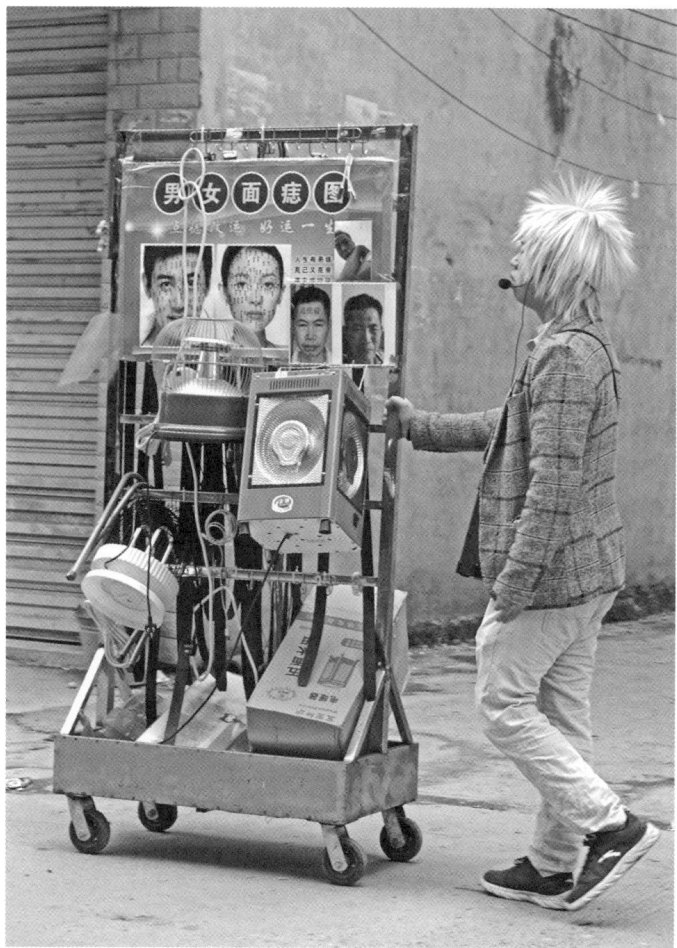

古镇长街，且行且歌，
时尚的"点痣哥"
2019年 广东连州

跌打师

鸭黄土布，红十字加红佛字，说是专治跌打棍伤、正骨复位，却又兼治神经衰弱、支气管炎、伤寒咳嗽、骨质增生，乃至宫颈炎、半边瘫。残红破布，誉称"妙手回春，再世华佗"，人赞，还是自吹？七分本事三分吹，还是三分本事七分吹？

"老乡，你那个毛病呀，光擦药酒恐怕不行，得想点法子。"

"把手伸直，给你发点气功，感觉到了没有？感觉到了吧！"

"嘿！再来个蹬法给你拉拉。好哩！"

跌打师，又称正骨师。中医正骨疗法是医术，治疗骨折、关节脱位等损伤。治骨伤，医师先拔伸、复位、对正、按摩，之后，用小夹板固定。"小夹板固定正骨术"为中国首创，多国效仿。今之中医正骨疗法，列入国家级"非遗"，还是首批。

而江湖跌打师，则鱼龙混杂，良莠不齐，真假莫辨。

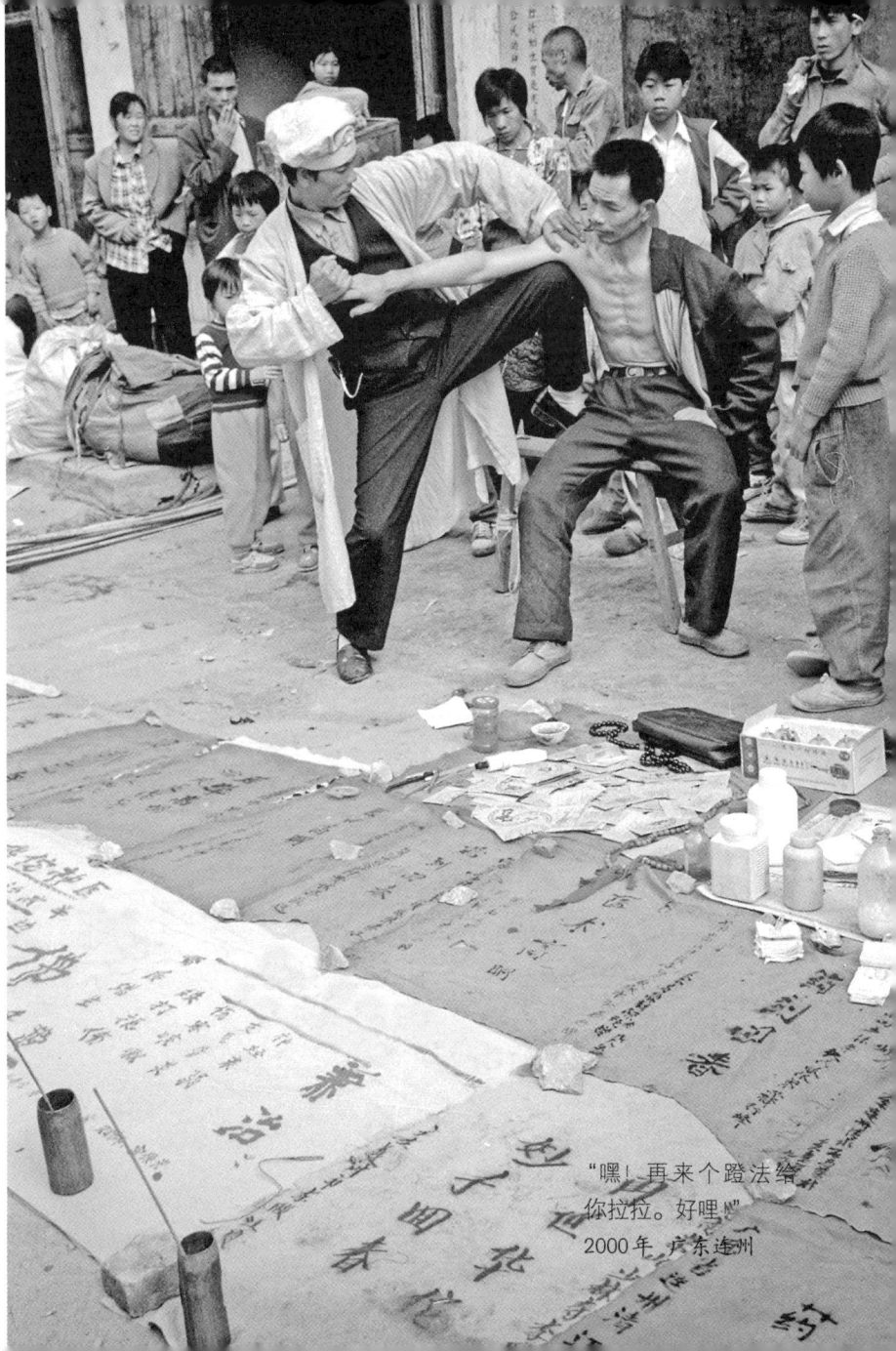

"嘿！再来个蹬法给
你拉拉。好哩"
2000年 广东连州

草泽医

　　草泽医即草头医，走圩游乡，行医卖草药为业，又叫走方郎中。旧时江湖郎中，摇串铃卖药，得"铃医"别名。摇串铃，吹唢呐，挂锦旗，都是广而告之，招徕生意。还有编顺口溜吆喝者："走江湖，闯江湖，哪州哪县我不熟？卖钱不卖钱，圈子先扯圆。小人来到贵码头，一不卖膏药，二不卖打药，只是卖点中草药。"朗朗上口。

　　本草根、茎、叶、果，成药丹、丸、膏、散，席地摆摊；稍懂药性，知寒、热、温、凉四气，晓辛、酸、甘、苦、咸五味；粗通岐黄，也望、闻、问、切，能针灸、火罐，甚至还有"祖传秘方"；常怀奇术怪招，专治疑难杂症。草泽医之技，大抵如此。

　　草泽医有三字诀：一曰贱，药物不取贵也；二曰验，以下咽即能去病也；三曰便，山林邑，仓促即有。是故，缺医少药的乡村，穷困潦倒的人家，仍有需求。或有病入膏肓者，大医院无术，病急乱投医，找草泽医一博，或有奇迹。

　　走方郎中或祖传，或师授，多无执业医师资格，流品杂衍，故而褒贬不一：褒者颂之为"华佗再世"，贬者则讥之为"江湖游医"。

走圩草头医，吹唢呐代替摇串铃，吸引路人
2004年 广东阳山水口圩

江湖牙医

俗话说，牙疼不是病，疼起来真要命！因何牙疼？旧时江湖牙医说，虫蛀牙，有牙虫！要治牙，先挑牙虫。

牙医挑虫旧技：患者坐仰，闭眼忍痛，旁置清水一碗；牙医手捏篾片镊子，于口齿间反复捣弄，突然，镊子从蛀牙洞间拔出，浸清水碗中，但见微虫水中浮动。骗局谜底：米虫或菜虫，粘藏于镊子入口腔。

今口腔科普，皆知蛀牙为龋齿，挑牙虫故技，不能再骗。江湖牙医又有何术？

蛀牙要拔，拔牙疼痛，江湖牙医又打出幌子："无痛拔牙，不用麻药。"有何高招？不得了，李时珍秘传"离骨散"。不信？请翻《本草纲目》！疼得忍无可忍者，冒险拔牙。牙医小心翼翼，取出骨簪，瓶中蘸少许白色粉末，搽上蛀牙根。约莫几分钟，嘱患者闭嘴力咳一声，轻掌其头并大喝"齿落！"令患者张嘴，齿自落。患者、旁观者，无不啧啧称奇。

好奇者去查《本草纲目》，"附方"中果然有"刮骨取牙"记载："用鲫鱼一个，去肠，入砒在内，露于阴地，待有霜刮下。瓶收。以针搜开牙根，点少许，咳嗽自落。"

西医解释：鲫鱼霜渗入砒霜，即三氧化二砷，可令牙和槽骨相离散，亦可令牙槽骨坏死。

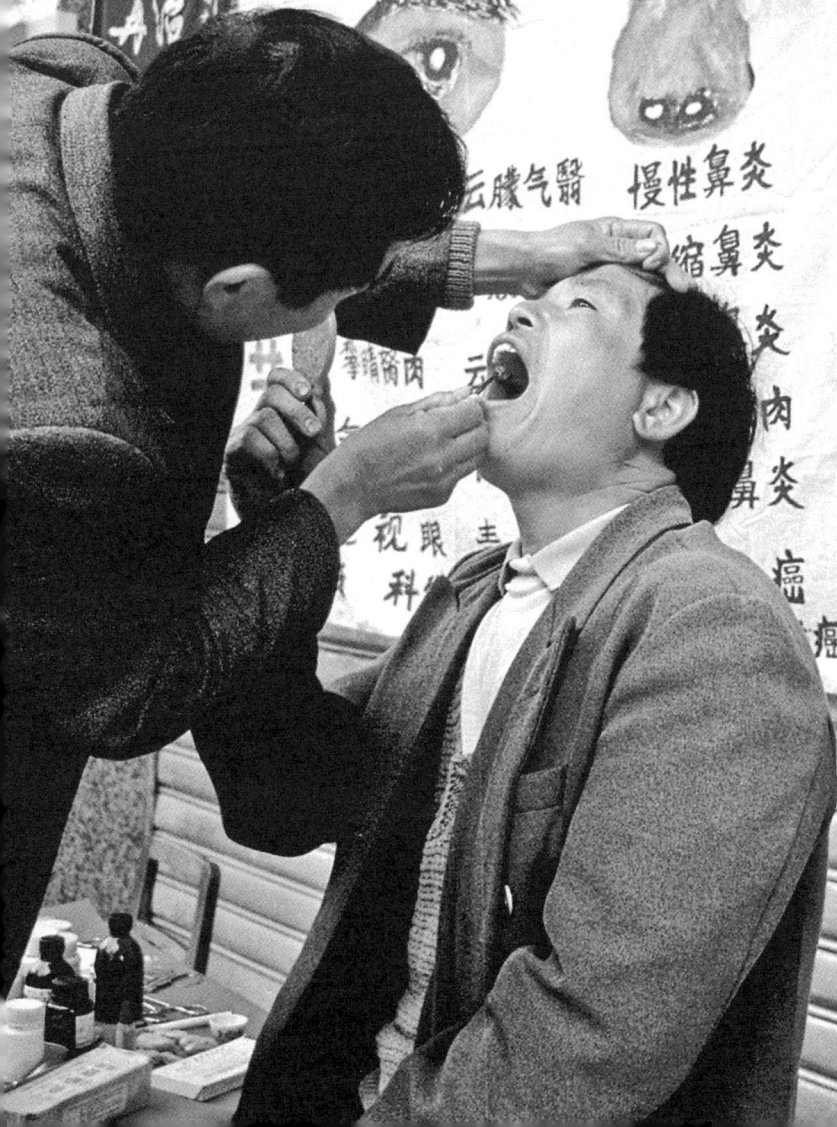

江湖牙医，标榜全才：
"专治五官疾病"
2001年 广东连州

卖猴枣散

粤港习俗：小儿疳积，吃疳积散或猴枣散。疳积为儿童常见病，症状是厌食、面黄肌瘦、头发枯黄，还会像马骝（猴子）般咬食手指。民间叫"马骝疳"，中医称之为"疳积"，西医则认为是喂养不当，导致脾胃运化失常。

旧时，民间流传偏方：小儿患马骝疳，吃马骝肉，或吃马骝血煮粥，即可消积治疳。

猴枣散主要成分是猴枣，即猴子体内的结石。广东近代药物学家陈仁山认为，猴枣为治热痰最灵捷之圣药。其药材学著作《药物出产辨》称："猴枣生于老猿猴之胃及肝胆间，缘猿猴常食各种山果，积年累月，其精液所结成为石者，形如枣，犹如牛之生黄，狗之生宝。故治效亦相类也。"今人以猴枣散治小儿惊风、喘咳痰盛、四肢抽搐等症。

粤港等地，江湖郎中常自制疳积散、猴枣散，以马骝为幌子吆喝游卖。依法规，猴子是国家保护动物，个人捕猴、养猴皆违法，那卖疳积散、猴枣散呢？

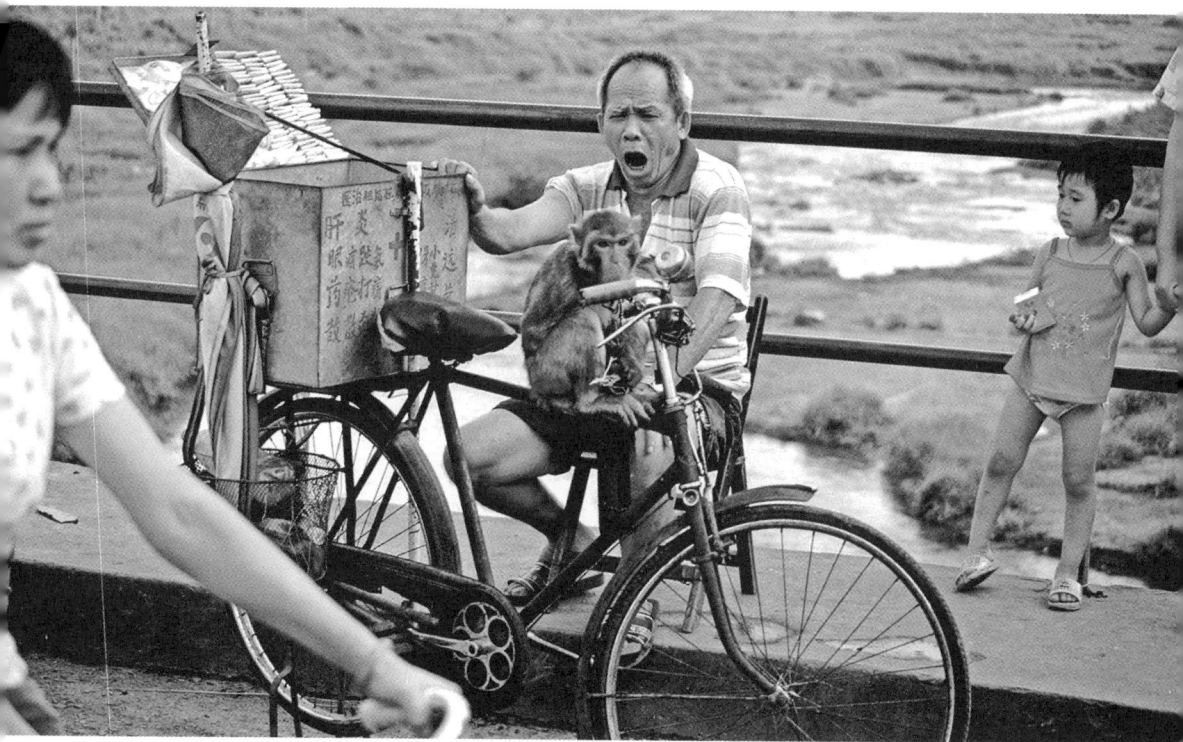

"祖传猴枣散——疳积散——"街边买药者的吆喝，没引起多少路人注意。扯住妈咪不肯走的小女孩，不为猴枣散，只为睇猴子。"傻女，吃猴枣散不科学，有病去医院看医生。"其实，妈咪小时候，也吃过猴枣散

2001年 广东清远

招牌是管理区卫生分站，村民照旧叫"大队卫生站"。管理区改为村委会后，小孩感冒发烧，老人还说："到大队卫生站，看看赤脚医生。"乡村卫生站的简陋，还如"赤脚医生"年代。

"赤脚医生"，一代人的记忆。先讲段古：1968年夏，上海《文汇报》发表长篇调研报告，题为《从"赤脚医生"的成长看医学教育革命的方向》，报告中的"赤脚医生"王桂珍，后来成为电影《春苗》的原型，全国人民都看过。毛泽东阅《人民日报》后，批示："赤脚医生就是好。""最高指示"即化为各级行动，半农半医的"赤脚医生"，雨后春笋般在全国发展。

旧时乡村行医，学名"草泽铃医"，俗称"走方郎中"，无须执照。读过几本医书的秀才，祖传数则秘方的世家，学得几招奇技的道士，甚至久病成医的农夫，皆可负笈行医，所谓"不为良相，即为良医"，不必经过系统专业训练。与"赤脚医生"，似有渊源。走方郎中以"药物不能取贵"为准则，多用"山林僻邑仓卒即有"的草药；而"赤脚医生"的标配，是草药、银针和《赤脚医生手册》，亦为岐黄传承。20世纪70年代，联合国科教文组织翻译《赤脚医生手册》，五十种文字出版，全球发行。

乡村卫生站的简陋，还如
"赤脚医生"年代
2002年 广东连州丰阳镇

叫卖灭害药

农贸市场，或胡同深巷，常闻叫卖蟑螂药、蚂蚁药、黏鼠胶。其内容，无非是独家秘方，灭害特效；投放一次，三年无虫鼠困扰，云云。不信？还发毒誓："蟑螂不死，我死；蟑螂蚂蚁不死，厂家死。"单车推卖，小喇叭播放，录音反复循环，居民不胜其烦。

休怪叫卖小贩，卖灭害药，生意难做，是生存所逼。时兴网购，灭蟑螂除鼠，产品种类繁多，毒杀之药，有饵粒，有喷剂，有胶饵，还有蟑螂屋、黏蟑纸、诱蟑器、驱蟑贴、黏鼠板、老鼠夹等诱捕方式。居委会和街道办，在"爱国卫生月"，会免费发放灭蚊、灭蟑药。

蟑螂又称蜚蠊，粤语叫"甴曱"，还有个外号，叫"偷油婆"，形象生动。蟑螂据说是世界上最古老的昆虫之一，曾与恐龙同时代生活。但是，国人狠杀蟑螂的历程，却不长。回首四十年，百姓普遍贫穷，家里缺油水，蟑螂难成气候。彼时除"四害"，是苍蝇、蚊子、老鼠和麻雀，后来，麻雀改为臭虫，蟑螂还算不上"害"。70年代末，臭虫几近绝迹，而富余食物陡增，蟑螂也随之陡增；进出口贸易频繁，蟑螂随货物坐上轮船、飞机，规模"进口"。

生态学的观点，想把3.2亿年的物种消灭，不大可能。因此，贩卖蟑螂药的行当，尚有前景。

灭害药贩人闲坐，喇叭播放叫卖声
2017年 广东清远

单车收发郎

市郊公路花圃旁，光膀者右手扶车，短衣者左脚顶地，皆短裤拖鞋破单车，停车小憩。看行当，是货郎：车把子上，吊着充气玩具，还有一把拨浪鼓，几缕长头发；车尾载个氢气铁罐，还有编织袋，里头装的，也是头发。

走城镇，串乡村，哥俩单车收货郎，业务是收购头发，碎发两元一斤，长辫上百，按质论价；顺带卖氢气玩具，六元一个，可以玩具换头发。

收购头发何用？据报道，河北有个村，专业加工头发，全村三分之二的村民，都做头发生意，每天加工头发半成品，有几十吨，甚至上百吨。长发经消毒、分类、修剪和缝制，之后熨烫成型，卖给假发店，此人的真发，成了彼人的"假发"。"假发"还可出口，上等品之价，高达五百英镑。头发制品出口，我国全球第一，人多发多。

走城镇，串乡村，哥俩单车收头发
2002年 广东清远

乡村道士

庚子年冬日，黄花镇三帝庙"天醮"。远处依稀锣鼓声，间中鞭炮。锣鼓声渐近，见红黄牙旗猎猎。哦，是仙姑"接水"归坛，长长的信众队伍，随之云集三帝庙。

入夜，"醮厂"灯烛通明，"武坛"上，供奉着"三帝公祖庙合殿众神"，两边是"左坛龙树""右坛镇武"。见四五道士，穿八卦冠袍，敲锣打钹，正做法事。神台前，一道士忽而吹号，转而握刀，驱凶神恶煞。趋前看究竟，咦，好面善。那不是"接水"的红襟衫仙姑吗？待深夜卸装，原系阳刚后生。男扮女装，乡村无仙姑？

"上刀山"，是打醮的重要环节，信众携衣带被，刀梯镰梯前排队；鸡鸭祭拜，进香、唱喏、念经、烧纸符，道士登刀梯镰梯；信众依次抛衣物上"刀山"，道士操法器，衣物上做"法"，驱邪祈福。有胆大者，经道士念咒后，亦敢上"刀山"。

黄花镇村村醮事，深入百姓，黄口少儿，也会见"神"唱喏。镇上老者说，即便"破四旧"年代，仍有村民藏山洞打醮。黄花一带，醮事从业者，今有五十多人，平日无醮会，或为人解签，或主持放生，或为白事超度亡灵。

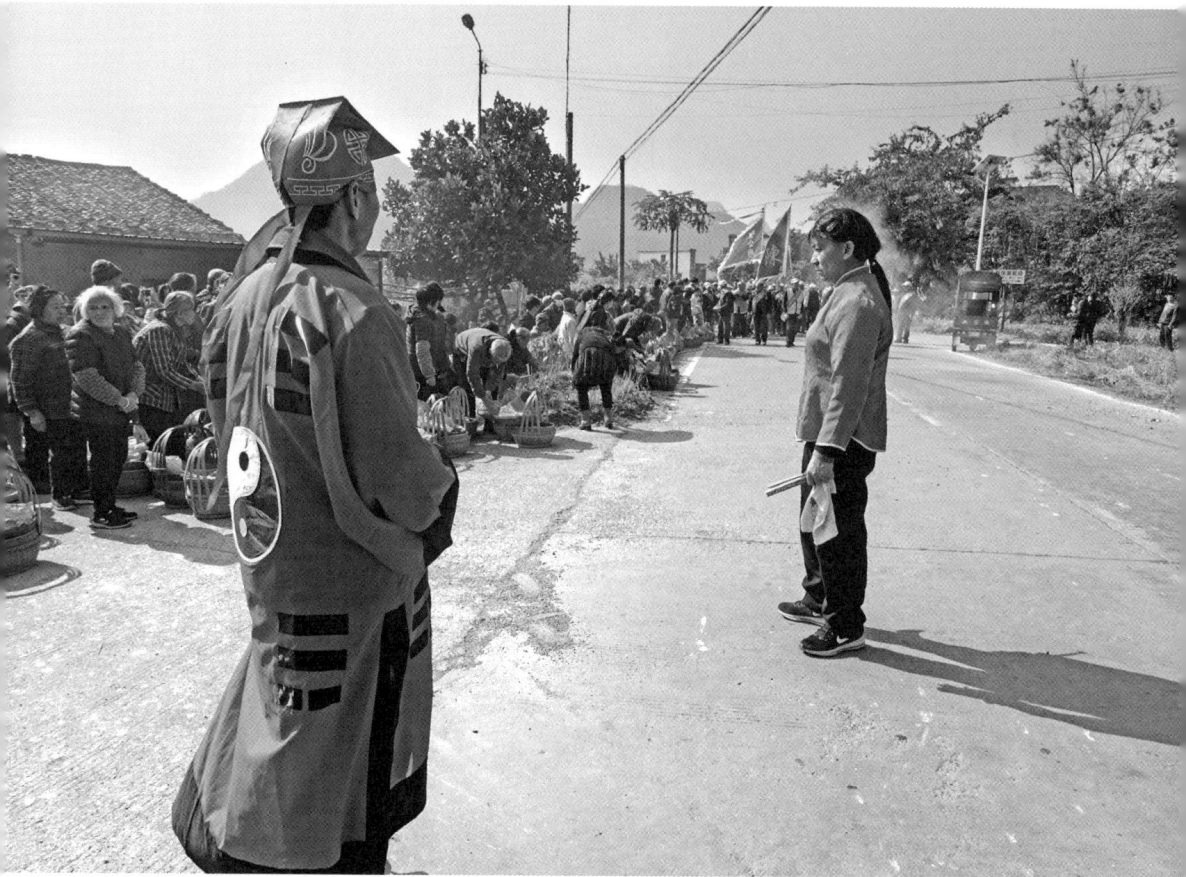

八卦袍冠的道士和大襟红衫的"仙姑"在醮仪中
2020年 广东英德黄花镇

339

壮族师公

连山壮家戏水节，先请师公祭水祈福。人围中见师公俩：皂帽，红花短袖披衣，手舞铜铃出场；吹牛角，水坛列行，相对口念祭语……

壮族民间信仰多神：对天，拜天神、雷神；对地，拜土地神、石神、树神、蛙神；对神台，则拜祖先。壮族原生性宗教，与汉族道教同源互感，也流行道教的正一道。做斋事，或打醮，师公所念，是正一道经书手抄本。

师公为半神职，本质还是农民，有法事活动，就设坛组班。

师公信奉道教，但壮区无道观，唯庙宇和村头立有社坛。如，班雅村社坛，叫"新立社"，因信奉多神，形成诸多禁忌，许多话，不能明说，要暗喻：米说是"沙"，盐说为"海沙"，吃饭说成"捅蜂窝"，斧头说是"木槌"，镰刀要说"青口"，等等。

师公也在家设道坛，初一、十五念经吃斋。有"半斋"之人逢斋日，儿子捉几斤鱼回家，即跪坛前念念有词，求神明"变通"，同意其煎鱼。

师公道士，曾几近绝迹。后又悄然盛行，且与"原生态"、"民俗"和旅游业挂上钩，以各种面目出现，成为传统文化的一部分。

连山壮家戏水节，必先请师公祭水祈福

2006年 广东连山

瑶族先生公\师爷

八排瑶民认为，"先生公"能上达人意，下传神旨，是人与神之间的桥梁。"先生公"主持排瑶宗教活动，不仅有一套法具，还掌握着祖传经典，通晓祭祀仪式，有驱鬼治病法术。

"先生公"的等级，凭威望和资历："大先生公"法术高、道行好、资历深，主持旺歌堂、耍歌堂等重大法事仪式；资历尚浅的"先生公"，主持送鬼驱邪之类小法术；而刚出师的"先生公"，先给"大先生公"当助手。

"先生公"师徒传承。"大先生公"收徒，三十六斤米、三百六十斤柴、油盐各一斤，是基本学费。逢年过节，送些酒肉，以示尊师。每届收徒五至十人，从师三至四年，要学会念诵二十四套七十二册瑶经，要掌握法事各项科仪，更重要的，是得到师傅亲授的神秘咒语。

"先生公"非专职，平日在家耕作，间或有人请去做各类法事，报酬面议。小排瑶，"先生公"上十人；大瑶寨如南岗排，"先生公"多达百余人，20世纪50年代，平均六户人家，就有一位"先生公"。

八排瑶崇拜自然，相信"万物有灵"，是一个全民有宗教信仰的族群。

而过山瑶呢，最隆重的宗教仪式叫"众人堂"，主持法事者称"师爷"。

连南油岭排瑶，秋收后的田野上，三位"先生公"，戴纸冠，披红道袍，持神杖，或捧诵经书，或手摇师刀，率领数百"唐买社"族人，走向"歌堂坪"，举办盛大的"旺歌堂"仪式

2013年 连南油岭古排

过山瑶"众人堂"活动的"过油锅"环节中，师爷在念咒语
2014年 连南板洞村

上刀山

　　一排镰刀，一排杀猪刀，已开刃，嵌扎杉木架；木架竖起，即为"刀梯"。赤足裸掌，爬"刀梯"而上，民间谓之"上刀山"。

　　设坛打醮，四乡村民聚集，"上刀山"是必备醮仪。生鸡供果，上香祭梯，号角吹响，众人合力，呼喝声中，六根粗索徐徐竖梯；"刀梯"立山野，刀刃向上苍，寒光逼人。

　　攀登"刀梯"者，头扎红布，以示驱邪。口中念念有词，即为祝语。祝者，咒也。道家咒语，源于巫祝。据说，精诚所至，神灵相通。静思运气毕，巫师始上"刀山"。观众屏气，鸦雀无声，围看巫师，裸掌握刀，赤足踩刃，左右分踏"刀山"，步步登高，轻松敏捷，如登木梯。"山顶"亮相，复踩刃而下，至地，手掌足底，分别示众，均无伤痕。众徒紧随，逐个上"刀山"，各示其功。

　　仪毕鸣炮，徐徐降梯。上"刀山"醮仪后，拆解"刀山"，"开光"之刀，能祈福，可驱邪，"利士"换刀，随入各家。

　　民间皆传，巫师及众徒，个个有"轻功"，故能轻易登"刀山"。"轻功"何来？则众说纷纭。或说咒语通神，神授人功；又说掌握刀锋，脚踏利刃，要凭气功，再加手臂力劲，脚底茧厚。眼尖者则说，"梯刀"非竖直，呈15°夹角，脚与刀刃触面大，压强就小，其中蕴含力学原理。

巫师裸掌握刀，赤足踩刃，
左右分踏"刀山"，如上木梯
2004年 广东清远石坎镇

择日师

择日即择吉。凡动土、安葬、开基、造宅、入伙、安神、开业、远行、嫁娶、满月诸事，为趋吉避凶、祈福忌祸，须挑选吉日良辰，防患于未然。旧时，民间迷信"发福由其地脉，催福出于良辰"。

择日之法诸多，有三合，有五行，有六壬，有九畴，有太乙，有造命，有河洛，有奇门，有易理，有紫白，数不胜数，不知"余教授"所用何法。

择日之法无准，通书之言有异，彼家言吉，此家云凶，如何适从？鉴此，清康熙帝命大学士李光地等，考订钦天监旧有《选择通书》，编成《星历考原》六卷；乾隆帝命庄亲王允禄率钦天监属员，再全面考订《选择通书》，并钦定书名为《协纪辨方书》，协乎五纪，辨乎五方，意为敬天之纪、敬地之方，书收《四库全书·子部》。皇皇择吉学巨典，非常人能拥有，百姓家藏，《玉匣记》而已。后人编《增补选择通书玉匣记》，集择吉表、万年历于一书，成为"余教授"们设摊择日的指南。

今人择日，可不求"余教授"，自查择吉日历，也可自查择吉日网。有人认为：择日，心理安慰而已，随便择个日子，未必就不好。故此，民间就有了"择日不如撞日"之说，万事顺其自然，即为安好。

窄街矮楼下，"余教授"摆档"择日"，当地叫"择日子"

2002年 广东清远

庙祝

  但凡寺庙，无论佛道，或诸神杂居，都有庙祝。上香插烛，添油掌火；门窗户牖，晨启暮闭——这是庙祝每天要做的工作。恭候善男信女，不论来，或不来，来多少，都不得空岗。

  喧闹的关帝庙，寂静下来了，坐庙当神的关帝，估计也累了，也需清静清静。关帝名关羽，原本，只是"桃园三结义"之老二，奉为武神后，关帝庙被称为"武庙"，与孔夫子的"文庙"平起平坐。关帝能不累么？身兼协天上帝、伏魔大帝、文衡帝君、关夫子、山西夫子等十余神职，天天有人前来奉祀。要佑人科甲，要佑人添丁，要佑人发财，要佑人富贵，要佑风调雨顺，要佑国泰民安……

  庙祝的生活来源，靠香火钱。关帝庙的庙祝，就期盼关帝再累一些，自己再忙一些，《增广贤文》有云："官清书吏瘦，神灵庙祝肥。"

  庙以关帝冠名，为何又供奉诸多神仙？百姓祈佑多，诸神有分管。香火旺，庙祝自然肥。

午日，喧闹的关帝庙寂静下来了。守庙卖火的老太太也累了，躺在藤椅上，养养神。

老太太的岗位，叫『庙祝』

2000年 广东英德西牛镇

流动修理工

缕缕箫声，从马路边传来，《九月九的酒》，曲声低沉，似向路人倾诉，有几许忧愁。

"又是九月九 / 愁更愁 / 情更忧 / 思乡的人儿漂流在外头 / 走走走 / 走走啊走 / 走到九月九 / 他乡没有烈酒 / 没有问候"，路人随着这缕缕箫声，都在心中默唱。

天天漂流在外头，虽然不是重阳夜，但哪天不思乡？哪天不思家？小区的居民，都有几分怜悯：孤身出门谋生，不容易。这位师傅，成家了吗？有儿女吗？

怜悯归怜悯，却不见有人光顾。家家有抽油烟机，都不用清洗？户户的煤气灶、热水器、洗衣机，都没点毛病？或许，是不放心。听说，街边请人清洗油烟机，用工业火碱，洗后虽洁净如新，却有腐蚀性，还是剧毒化学品呢，对人体有害。或许，是不相信。背一只破袋，提几件工具，简陋如此，是专业修理？

维修是旧行业，修家电、煤气灶，却要新技术。不如再问问厂家是否包修，或电话叫专业维修店派人上门。

两天后，小区没见到"专业清洗和修理"的师傅，不知走到哪里去了。

『走走走走走啊走……』走来一位修理工，避开专业维修店，绕开喇叭吆喝的同行，寻个僻静的居民小区，蹲坐路旁，一个工具袋，一个塑料桶，桶前竖块牌：『专业清洗抽油烟机，修理煤气灶、热水器、洗衣机』，还有手机号码。闲坐等雇主，百无聊赖，拿出洞箫，悠悠地吹着

2001年 广东清远

引车走卖

头戴斗笠，身披蓑衣，手推三轮车：各种竹编、大小葫芦挂满车，沿街走卖——老汉使尽浑身解数、"浑车解数"，专走闹市，展示推销货物。

老汉说，且行且卖，生客是偶遇，熟客会等车，做两类客人的生意，销量倍增。

街坊就好奇，斗笠蓑衣，过时如古董，如此作幌子，还能揽客？城里人没耕过田，如何懂得田野劳动？又怎么知道耕者用斗笠蓑衣的便利？春夏秋冬，日晒雨淋，熟悉的老汉，熟悉的流动杂货车，天天经过，成一道街景。

晚清苏州人周慕桥，作《大雅楼画宝》，有"挑篮沿街唤卖图"，题图："方曰筐，圆曰筥，皆刿竹编之，为日用之所必需。沪上人烟稠密，托其业者，将做成之篮沿街唤卖，所在多有，大家小户亦多乐买之。"

斗笠蓑衣作幌子，引车走卖竹编用品
2006年 河南开封

走卖幌子

周日逛街，恍惚间，一行古装汉子，引车卖浆，吱呀吱呀，迎面而来，"木牛流马"上，载个大酒坛。"三国"诸葛亮的人马？拍电影，还是拍电视连续剧？定睛看，哦，原是某酒品牌，以无声的酒坛替代幌子和响器，做流动视觉广告。

走卖幌子，古而有之。清代笔记《韵鹤轩杂著》，记录了当时的街市："百工杂技，荷担上街，每持器作声，各为记号。修脚者所摇折叠凳，曰'对君坐'；剃头担所持响铁，曰'唤头'；医家所摇铜铁圈，曰'虎撑'；星家所敲小铜锣，曰'报君知'；磨镜者所持铁片，曰'惊闺'；锡匠所持铁器，曰'闹街'；卖油者所鸣小锣，曰'厨房晓'；卖食者所敲小木梆，曰'击馋'；卖闺房杂货者所摇，曰'唤娇娘'；卖耍货者所持，曰'引孩儿'。"

商贩百行，行行有响器，或铜，或铁，或木，或鼓；其声或咚咚，或叮叮，或梆梆……各地风俗不同，响器亦有差异：有同行而不同器，亦有同器而不同行；有同名不同器，亦有同器不同名。

实物幌子和响器替代吆喝叫卖，是最简单、最原始的广告形式，时至今日，仍存在于街市之中。

一行古装汉子引车卖浆，作卖酒幌子

2000年 广东清远

柒

百业拾遗

淘金

金，俗称金子，自古至今，作货币，为珠宝，或充当保值物，象征财富。溪河湖泊泥沙中，若含天然金沙，水中淘洗，便得"生金"，谓淘金。

水沙淘金是古老职业，劳动强度不大，妇孺可为。晚唐诗人许浑游北江峡山寺，题诗道："洞丁多斫石，蛮女半淘金。"水沙淘金，其大如麦粒，小则似麸片。更奇者，是屎中淘金。唐代《岭表录异》，录浛洸县（今英德市）金池："彼中居人，忽有养鹅鸭，常于屎中见麸金片。遂多养，收屎淘之，日得一两或半两，因而致富矣。"

至20世纪80年代，峡山寺、古浛洸之邻，新洲发现金矿，人称"广东旧金山"，民间淘金，其热如潮，淘金者蜂拥而至，高峰期，达十五万人。滥采挖，抢精矿，弃贫矿，争山霸地，火炼水淘，幕幕活剧，有喜有悲。

结果呢？孤峰秃秃，山崩石裂，木枯草萎，溪流锈水。沃土埋，良田毁。村民说，二十多年无耕种。村边土墙，贴有村民小组告示，还田复耕，禁非法炼金，云云。已是梦醒时分。"银生楚山曲，金生鄱溪滨。南人弃农业，求之多苦辛。"其情其景，如白居易诗句。

又闻，新洲开发"新金山"之旅，卖淘金故事，游客先掏钱，后淘金，无发财梦，唯有快乐体验。

赤膊汉家中取淘金斗，溪边演示淘金，阳光下，斗中沙砾金光忽闪，金不假，但含量低，并无价值。话说当年，家家设炼金炉，户户有淘金斗，人人做淘金梦。问赤膊汉：可曾发财？笑道：赤贫如赤膊汉。

2009年 广东清远

拾荒者

　　有丢弃的废物，就有拾荒。物之"有用"，或"无用"，是相对的。

　　《御史台记》载，唐朝裴明礼，善于理生，收人间所弃物，积而鬻之，以此家产巨万。唐太宗欣赏其才，赐以官职，累迁太常卿，为九卿之一，正三品。拾荒者的成功典范，但后继者寥寥。拾荒行业，更多为贫民。

　　拾荒者曾被集中改造，入"废品回收公司"，成为国营或集体单位职工，社会仅存少量"收买佬"。家庭弃物，各自拿到废品收购站卖，或与"收买佬"换火柴。配给经济，有多少"荒"可拾？

　　穷则思变，经济回归市场，消费主导生产。衣食住行，日新月异；消费物品，推陈出新。物品，再不求耐用，一次性餐具和包装，过时衣服和鞋袜，跟不上潮流的家具和家电，都丢弃。慢慢，成为生活习惯。工业化和都市化，更促城市扩张，人口膨胀，又催生大量废弃物。生活生产垃圾，越埋越多，"垃圾围城"成全国困局。

　　无数拾荒者的劳动，维护着城市消费品的循环秩序。

　　拾荒行业是古老行业，也是朝阳行业。而拾荒者的管理有序，拾荒者的环境改善，又是城市发展的难题。

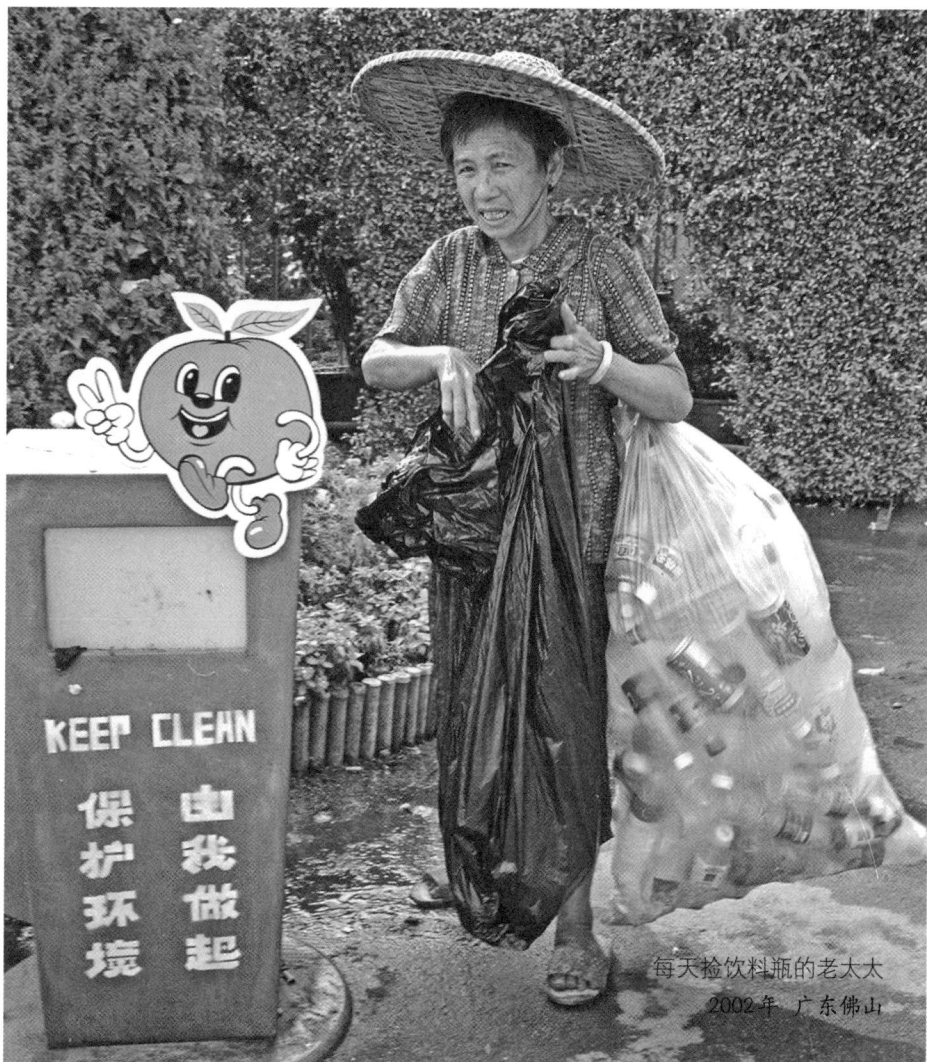

KEEP CLEAN
保护环境 由我做起

每天捡饮料瓶的老太太
2002年 广东佛山

拉洋片

西洋镜，又叫拉洋片，是早年民间杂耍之一。《清嘉录》记载："江宁（今南京）人造方圆木匣，中缀花树禽鱼神怪秘戏之类，外开圆孔，蒙以五色琉璃，一目窥之，障小为大，谓之西洋镜。"木匣戏具虽为清人制造，但所用零部件凸镜和画片，为西洋引入，故称之为"西洋镜"。初始，西洋镜只放置画片，一套十二至二十张，周而复始。后技艺发展，西洋镜主人站旁边，手扯提绳操纵换片，嘴上且说且唱，声影相配。

20世纪60年代初，西洋镜技术革命，大画片换成小胶片，圆柱状可卷动，体积变小，画面增多，国内城市的自然风光、名胜古迹，被制成胶片，西洋镜内容逐渐国产化。

经营者益多，西洋镜从盈丈大木箱，演变成木匣子，饭盒般大小。十几台西洋镜装一箱，随地可摆摊设点，为防丢失，每台机都拴根长细麻绳。

今上海城隍庙、苏州山塘街，清代款西洋镜仍在经营。

广场上，立一排"机器人"，什么玩艺？哦，是投币观片器——影像时代的"西洋镜"。投枚硬币，便可看景："西藏风光""黄山风光""泰国风光"……放学的小学生，站上小凳，看得津津有味。一对男女牵手路过，夫妻？恋人？男伴停下来看"泰国人妖"，女伴使劲拉，不愿走

2006年 广东连州

363

拣字

20世纪末年，民营印刷厂，还可见铅活字排版车间，其排版原理，与毕昇时代依然相同，只是胶泥刻字改为铅粒铸字。

宋仁宗庆历年间，杭州书肆刻工毕昇，以胶泥做成毛坯，个个规格统一；毛坯上刻反体单字，火烧硬后，便成活字印模；一字一印模，排版印刷，可重复使用。自此，人类可以批量、快速复制文字。元朝末期，活字印刷术传到西方。四百年后，德国铁匠古登堡传承发展，改成铅活字，并建立了一套字母库。活字印刷传播人类文化信息，已近千年。

排版车间里，飘荡着一股铅味，拣字工习以为常。她们一手托盘，一手拣字，穿梭于字架间：仰俯上下，挪移左右，眼利如鹰，在密密麻麻的铅字架中，按字号、字体，准确地拣出所需的字粒。如遇冷僻字，还须铸铅另刻。

仰俯之间，移挪之时，手写稿件拣排成铅字文章，之后拼版，制版，供印刷。印刷后将铅版熔掉，再铸字。整天与铅接触，拣字工成铅中毒的高危职业。

若印刷新闻报纸，天天出版，要讲时效，拣字工更需拣字迅速，排版不误印刷。说手快，或眼快，其实是心快，拣字工心中，都有部活字典，编辑亦尊称其为排字先生。

铅活字拣字体验，已成为怀旧活动
2019年 广州老西关

铅活字排版车间，拣字工一手托盘，一手拣字，穿梭于字架间
2000年 广东清远

放映员

少年时，总梦想当放映员，每晚有电影看，每餐有两个荷包蛋，放映机箱上坐的，总是镇上最靓的妹子。

"这个人就是叛徒王连举。"放映员总是用咪头不断插话讲解，生怕观众看不懂。其声盖住电影对白，令人生厌。其实，这人物，这桥段，全场观众早已"眼熟能详"。放映员难道不知？

"我胡汉三又回来了！""面包会有的，一切都会有的。"……一句句戏里的台词，成为全国城乡流行的口头禅。革命电影文化，哺育我们一代人的成长。

"文革"始，新中国头十七年生产的故事片，进口的外国影片，几乎全部封存。据《中国纪录电影史》统计，1966年至1976年，发行的外国影片仅36部，民间段子形容："阿尔巴尼亚电影莫名其妙，朝鲜电影哭哭笑笑，越南电影飞机大炮，罗马尼亚电影又搂又抱，中国电影新闻简报。"

反反复复就几十部影片，我等少年却每晚跟着"电影队"下乡巡村，看了又看，乐此不疲。没电视，甚至没电灯的年代，夜晚，总觉很长，没有电影，又如何消遣呢？

精神食粮从单调、不足到过剩，我们这代人，始终文化营养不良。

放映员在倒影片。影片库房，犹如一代人的电影文化史：《地道战》《地雷战》《南征北战》《平原游击队》《铁道游击队》《列宁在十月》……20世纪五六十年代出生的人，哪一部影片没看过十遍八遍？

2001年 广东连州

民办教师

高岭瑶寨教学点，老师唐姓，二十六岁的后生，本县排瑶人，高中毕业后，读教师进修学校，当代课教师六年后，转为正式教师。唐老师说，代课教师是学校发工资，每月七十五元；民办教师由管理区发工资，每月九十元。代课教师，其性质与民办教师同。

唐老师教一、二年级，是复式班。如何上课？前半节课，先布置二年级作业，再讲一年级课，下半节课反之。课程有语文、数学、体育、美术和音乐，一个老师教。三年级以上的学生呢，下山到小学读，早下山晚上山，每天走山路，要两个多小时，带些番薯芋头作午餐。

20世纪50年代，农村普及小学教育，民办教师补充师资，不列入编制，其报酬记工分，等同农民；1979年后，享受"责任田"，另发补贴。1977年，全国民办教师达491万；至改革开放初，全国教师中，三分之一是民办教师。1992年，国家教委等部门提出"关、转、招、辞、退"五字方针；2000年前，逐步解决民办教师问题。

寨里有间小学教学点，一间课室，一名老师，两个年级。老师领着十五名小学生，在半边"篮球场"集合。老师说，体育课或课余只能做操玩游戏。若打篮球，随手一扔，球便滚下山找不到

1997年 连南高岭瑶寨

流动照相

村里来了照相师傅，专业户的养鸽棚，架起了三脚架，挂起了背景布。

穿上中山装，理好小分头。好哩。把头摆正，来一张证件照。

外出打工，除了身份证，还要毕业证、暂住证、健康证、上岗证、结婚证、流动人口计划婚育证……还没结婚？那还要未婚证。

只晒一打十二张？不够不够。求职表要贴证件照，工牌要贴证件照，摩托车要有驾照。到深圳、珠海找工？那还要办特区边防证。哪一种证件不需要照片？还是多晒两打备用吧。证件时代，少办哪一个证件，你都会寸步难行。

1956年公私合营后，我国县城只有国营照相馆，一家，至多两家。农民照张相，要去县城。20世纪末，个体经营的影楼，在县城和集镇兴起。适逢农民外出打工潮，特定时期的人口管理方式，需要办这证那证，办证，自然要证件照，乡村流动照相应需而兴。影楼的照相师傅，带上相机、脚架和背景布，骑着自行车或摩托车，在乡村间穿行，上门服务。

此景不长。户籍制度改革，电子证件推广，个人纸质证件日渐减少，牵及证件照行业。之后，数码相机和手机拍照普及，影像泛滥，照相师傅还下乡干吗？

电脑都"识脸"了，证件照还有用吗？

村里来了照相师傅，拍个证件照
2003 年 湖南湘西

拉黄包车

1874年，人力车从日本引入上海，双轮手拉，双座载客，男女可同坐，叫"东洋车"或"洋车"。公共人力车涂黄漆，故名"黄包车"。上海首家黄包车行，登报启事云："今有本行新到洋车，比中华车大不相同，不论天暗下雨，一样可推。车上另有篷帐，下雨不湿衣服，格外奇巧，贵客商欲坐者，请至本行贾可也。"启事还订明车程价格。之前，城市公交是轿子和马车。

1879年，清朝政府禁双座黄包车，男女同坐，有伤风化。此外，车夫拉双座车吃力。

1912年，黄包车已风靡京、津、沪、汉等大都市，为中产阶级出行首选，慢慢，普及为市民代步工具。

1945年冬，国民政府交通部拟废除人力车规划，限三年完成，引起市民和人力车夫反对。

1946年10月，国民政府允许人力车改装，单人后座三轮，继续营运。

1949年后，黄包车几近绝迹；1956年，上海最后两辆黄包车被送进博物馆。

街道上，又见黄包车拉客。车夫依然为生计，坐车却不为代步，只为怀旧

2003 年　山西平遥古城

脚蹬车

手拉人力车，源自日本，为城市平民交通工具。19世纪传入中国。20世纪30年代，上海出现脚蹬人力车载客，随后流行，逐步取代手拉人力车。

脚蹬人力车，由自行车改造而成，可载人，可运货。脚蹬载客人力车，三轮，简称三轮车，或叫黄包车。前轮可转向，上设车把、车座和脚蹬子，由链条带动后车轮转动。载人三轮车后部是车厢，厢体木制半圆形，弹簧皮座，可并排乘坐两人。车厢上装帆布篷，有全篷，有半篷；或折叠，或固定。

1949年后，载客人力车，无论手拉，还是脚蹬，都见不到了。

20世纪末，没有出租车的城镇，开始有脚蹬三轮人力车载客。若车空，扬手即停，三五元收费，比公交车略贵，百姓依旧名，还叫"黄包车"。脚蹬人力车夫，或农民工，或下岗工人。十年后，载客的脚蹬人力车消失，先被出租车取代，随后，又有了滴滴打车，更便利。

旅游城市，以休闲游理念，发展脚蹬人力车，各地还叫"黄包车"。比如北京城的什刹海，"黄包车"络绎不绝，车型统一规制，车夫统一着装，公司经营，收费自然有点贵。

什刹海风景区湖岸线长，王府、寺庙、名人故居，环湖罗列，周边胡同纵横，四合院民居连片，游客靠步行，要走多少天？况且，黄包车夫多是『老北京』，坐车胡同游，还带讲解，外国游客尤其爱坐

2006年 北京

没有出租车的城镇，有脚蹬三轮人力车载客

2002年 广东阳山县城

375

抬轿子

旧时，花轿为娶亲之用。花轿可显示身份：豪华的大花轿称为"亮轿"，三截顶子，四角翘檐，檐下拖串红穗；金丝或银丝轿帷，绣上"百鸟朝凤""富贵花开"之类图案；轿前灯笼、火把、吹鼓手开路。而青衣小轿则以竹为架，没有任何饰物，也没有灯笼和吹鼓手引道，两人抬着悄悄走。花轿还有二人抬、四人抬、四抬四跨之八人抬之别。故"八抬大轿，明媒正娶"，是旧时女人骄傲一辈子的盛荣。

今之城镇女子出嫁，以轿车代花轿。无私家车之家，租之，借之，且以"百年好合"小红匾掩盖车牌。

古人坐轿，今人坐轿车，由乘坐出行的工具，演变为身份等级的习制，古今皆然。古之官轿，轿帷用料皆按官阶定规格，如清代有蓝舆明轿、绿围大轿、红呢贵轿之分，正如当代公车改革前，官员坐轿车，以级别定排气量。

今时轿车多而常堵街道，轿早已不见踪影。轿夫安在？偶见于旅游景点。

开封府景区，旧式花轿出租处，无游客光顾，轿夫百无聊赖，低搭着脑袋，坐在轿旁休息。刚刚热闹过，四人抬花轿，坐一位游客带着小童，二十元转一圈，儿童减半，还有唢呐、芦笙跟着，边走边吹奏。掏钱坐轿原地转圈，只为享受一时的轿上之尊

2006年　河南开封

赶马车

　　旧时载客马车，多为轿式，故称"轿车"。运货马车，俗称"大车"。赶马车的驭手，俗称"车把式"，又叫"车把势"，在乡村，被视为有本事之人。一挂车，驾辕带拉套牲口，再到赶车、修车，都讲技术。赶大车需从"跟车"学起，到独立掌鞭、人马默契，少说一两年，及至应付各种路况，时间更长。赶自家的车，或受雇于车主，都是艰苦的行当。

　　马车代步，并不遥远。20世纪50年代，首都北京的交通工具，马车之外，还有驴车和骡车。天安门广场，亦常走马车。骡子是马和驴的杂种，四蹄强健，富持久力，又易于驾驭。清代，北方骡车渐多，尤其北京，有"京车"之誉。庚子年，八国联军入侵北京，慈禧太后乘骡轿车出逃，从北京颠至西安。

　　先秦文献往往车马连言，说到马，就有车，说车也包括马。《论语》说"乘肥马，衣轻裘"，肥马，即肥壮的马所拉之车。驾二马为骈，三马为骖，四马为驷。先秦，四马拉一辆兵车，叫"一乘"，百人为一乘。一辆兵车能坐百人？其实车上仅三人，车后跟九十七。

　　秦汉，马车逐渐退出战争，车制以民用为主，马车夫就职业化，如同当代的司机，是一种职业。

双胶轮"大车",加个篷,成简易"轿车",前驾两马,可赶街载客十余人
2010年 云南玉溪北城镇

拉板车

人力板车，靠人力推拉，又称手推车。一辆板车，一人能拉数百斤，若有人助推，可载上吨货物。

当今农村，农家常用人力板车，为农事运输工具。春播运肥料，秋收运稻谷，替代肩挑重担。农民自制板车的车厢：若干块木板，拼接成一块板床，三面围栏杆；做两条木拉手，安板床左右，拉手分别凿两槽；买两个胶胎钢丝轮毂，配条横杠，横杠卡槽里；车底绑条圆木，尾部削扁平，刹车时用。一辆人力板车，成本仅数百元。

人力板车，曾名榻车，因其形状及尺寸，都似清代红木床榻，因而得名。

话说清末，上海有陈氏兄弟，名大川二川，推独轮车承运为业。独轮车载货量小，且易倾倒，兄弟俩就改单轮为双轮，研制出榻床型板车。后有车行老板，以卡车废胎改造车轮，成板车雏形。

有句俗话："七十二行，板车为王。"人力板车，何"王"之有？苦中之王也。谓旧时拉板车，最为艰辛。上陡坡前弓后箭，步步艰难；下急坡脚撑手顶，刻刻惊心。夏日板车夫赤膊，肩上可见绳勒痕。

县城一角，人力板车排列，有十辆八辆。车夫都坐在板车上，等待货主前来寻车送货。车夫原本农夫，来自城郊农村。农闲季节的每天清晨，板车停放的标志牌下，集中守候揽活，帮城里人拉运重物，或搬新买家私，或运装修材料。拉趟车，三五十元，挣点辛苦钱。板车上的手袋，装点杂粮和水，权作午餐，天黑才回家，天天如是，成为临时职业

2004年 江西婺源

山村『拉扯渡』

一条钢缆，系于两岸铁钎，钎打埋入地；一艘无篷渡船，船头竖根粗木，个半人高，顶住钢缆定船；拉渡人立船头，双手抓缆索，交替攀缘，犹如拔河，引船缓缓前移，驶向对岸。不用划桨，不用撑篙，也无需机器驱动，就可送一船人至彼岸。即想到《边城》，沈从文先生描述过的渡船。而山村"拉拉渡"更简陋，船头粗木，无设活动铁环。

过渡的船客，多为两岸村民，相互熟悉。船客无须交费，渡船和拉渡人，或由村集体管理，属公益事业。恰逢村小放学，仨少年骑单车，载着仨女同学，人连同车，一起过渡，再加村民和拉渡人，船载十人，或坐或站，已略显拥挤。

村妇最后上船，双手抢抓缆索，即攀缘引航，履拉渡人之职；小女孩跨坐船舷，一条腿伸出船外，拨水玩耍。船至河中央，拉渡的男人抢过缆索，说，有学生娃过渡，注意安全！"拉拉渡"，当地人又叫作"拉扯渡"，拉拉扯扯就过渡。说说笑笑，玩玩闹闹，渡船及人，悠悠然过河。这才明白，"拉拉渡"的雅称，叫"悠渡"。

在交通不发达的年代，湘西、湘南，这种"拉拉渡"常见，并不稀奇。

1. 拉渡人手执绞杆，将凹口卡在钢筋上，不断扳拉，移动渡船

2019年　重庆洪安镇

2. 沿老街往下走，见一河碧水蜿蜒，下数十阶级，即码头。一艘索拉渡船，连接两岸，此岸洪茶，彼岸茶峒。这就是著名的"拉拉渡"，边城的标志性景物

2019年　重庆洪安镇

3. "拉拉渡"，当地人又叫"拉扯渡"，拉拉扯扯就过渡

2004年　湖南江永县

田家渡

青石板村道，平平仄仄，蜿蜒而去，至河岸，即中止，过了河，又续村道。再往前走，就要过渡了。

灌木丛中，有两棵老树，杂藤缠干。仄仄平平往下走，便是个小渡口。渡口位置，随水位变动。两岸村寨，田畴交错，鸡犬相闻，田夫往来耕作，村民探亲访友，都需要过河。河面宽阔，建桥不易，两岸往来，唯靠船渡。

是日浪柔水浅，三丈小舟，制颇朴陋，丈五竹篙，仅渡三客，舟缓行于绿水间。撑渡老者立船头，半篙至底，推篙，收篙，悠悠然，不急不忙；农妇肩担畚箕，站立行舟如平地，此岸登彼岸，不过一刻钟工夫；老妪骑坐横梁，平衡船尾；村童不安分，靠在船舷，抄起木桨，拨水助之……

两岸相邻相往，村民过渡，几角小钱。若身无分文，则记个数，彼此都熟，老者撑渡，半公益性质。

至若春涨水急，两岸往来，只能绕远途，走上游，过公路大桥。野渡无人舟自横。

小农耕作时代，阶荫路曲延水处，常遇田家野渡，长篙撑孤舟。人，总贪便利，当今村村通公路，都说路通财通，桥通业旺；人，又爱怀旧，当今路坦桥宽，又常念古道诗情，野渡画意。两者难共存，只能顾此而失彼。

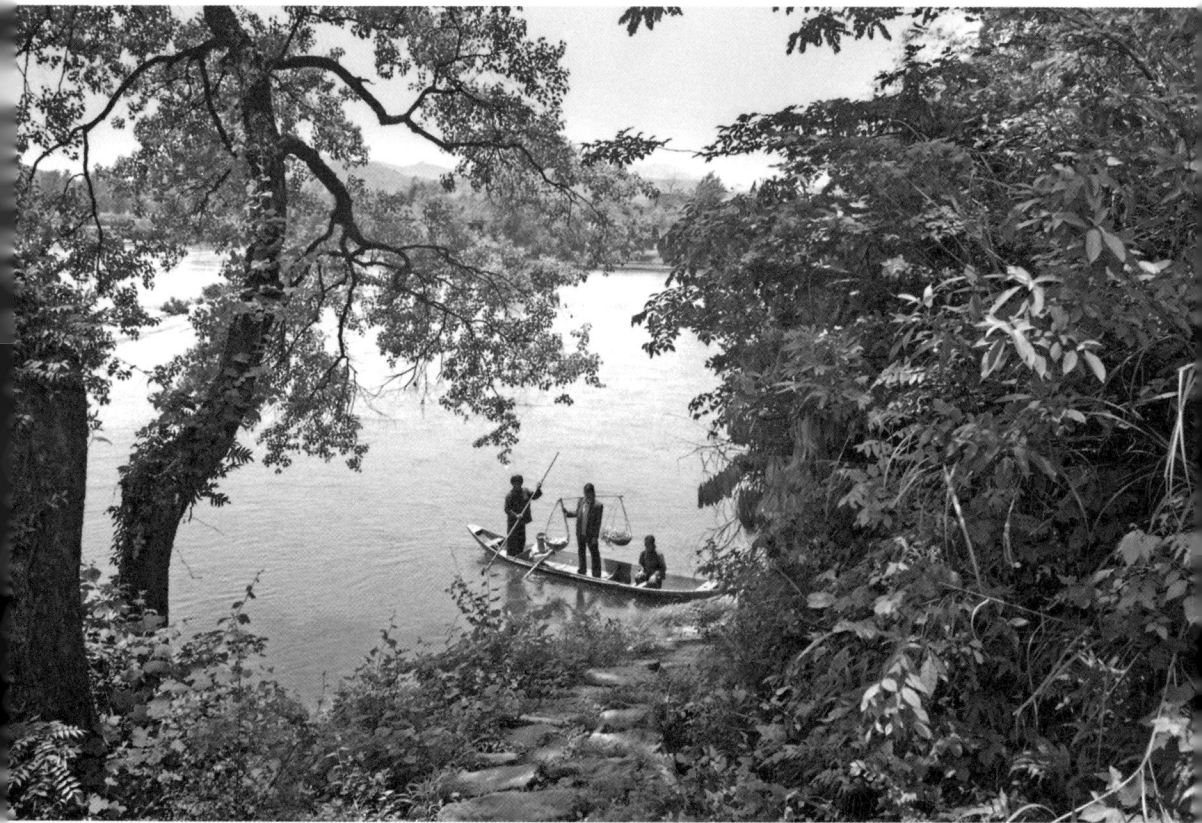

三丈小舟，制颇朴陋，丈五竹篙，仅渡三客

2004年 湖南江永县

货车司机

计划经济年代，无民营企业，无私家汽车。货车司机，都是有"单位"的人，或国营企业，或事业单位。

那年代，城镇群体间，经济收入差别小。货车司机职业，又为何吃香？首先是工资，比同级工人，多了几元；之外，出车还有补贴。其次，开部解放牌大卡，穿州过省，走南闯北，见多识广；可卖各地工业品、农副特产，还有地域性差价。当时城乡公路少，汽车也少，偶尔停车，副驾位上捎带熟人，羡煞多少路人！再者，拉公家货物之余，还可载点私物。那可是择业热门，嫁女首选，与之交友为荣。

好景不长。市场经济推行，民营企业冒出，货运如流；国营、集体企业，纷纷转型解体。货车司机渐成民间职业。

长途货车，两司机轮流开车，日夜兼程。困了，在驾驶室眯会儿；饿了，泡方便面充下饥。卡车是家，车底下睡个觉，河溪边冲个凉，荒郊野岭抛锚，半夜三更修车，货车司机的日常。漫漫长途，省关县际，过境过桥，各类收费、处罚，标准不一，层出不穷。

货车司机，承担物流重任，把握卡车方向，是社会的搬运工，其生存状况，政府应关注，社会要关心，家庭需理解。

遇河流，货车司机停下车，
洗个澡，洗洗衣
　　　2001年　新疆库尔勒

货车荒郊野岭抛锚
2004年　107国道清连路段

滑竿

　　滑竿，最简易的轿子。黄山滑竿，轿夫统一制服，划分路段管理；乘坐有最高限价，就贴在滑竿椅背上。坐滑竿的游人，或年迈，或体胖，而轿夫，则多为黄山脚下的农民。

　　我国南方盛产竹子，滑竿曾是日常交通工具。抗战时期，山城重庆人为躲日机轰炸，"跑警报"到山上的防空洞，富人坐滑竿，必养几个"飞毛腿"。

　　巴渝地区曾流行"滑竿号子"，轿夫抬竿时传报路况，前后照应。要拐弯了，前喊："之字拐。"后答："两边甩。"道路平直，前呼："大路一条线。"后应："跑得马来射得箭。"要上桥了，前喊："人走桥上过。"后答："水往东海流。"狭路遇行人，前喊："两边有。"后答："当中走。"见啥说啥，前后默契。这是独特的"滑竿号子"文化。

空滑竿上山，轿夫步履轻快
2018年 黄山

登黄山，两中年人，身着蓝色制服，一前一
后，肩扛长竹滑竿，迈着沉重脚步，共登陡
峭台阶，滑竿颤颤悠悠，竹椅上坐着老者。
赶紧让路，跟随在滑竿的后面，但见埋首的
轿夫，汗珠滴滴洒石阶。下山，轿夫对调，
无须言语，配合默契，老者即变面朝后，以
免前仰的不适

2018年 黄山

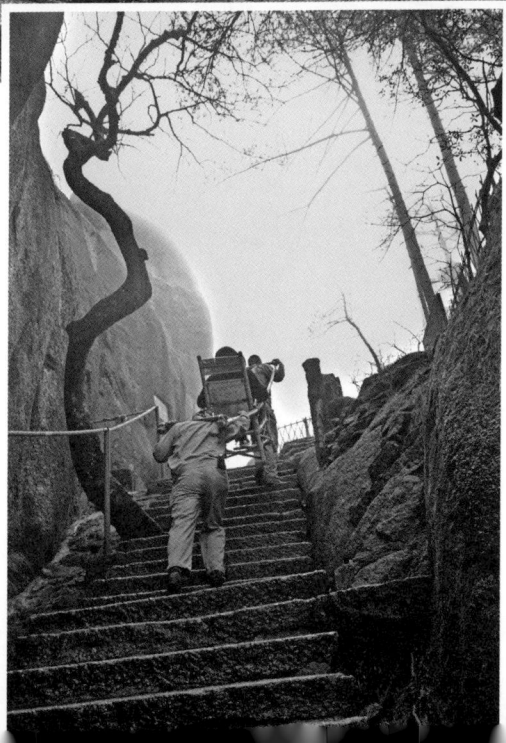

背篼搬运工

　　背篼由竹篾或藤条编织，称为"喇叭花"，"名"与"实"反差极大。只要你喊声"背篼"，"喇叭花"立马回头，争先恐后跑过来，期待你雇工搬运。

　　"背篼"有男有女，有夫妻，有父子。高原山地的农民，背篼是他们的日常用具，背收获的粮食，背采摘的猪草，还可以背小孩。20世纪80年代始，农民进城，背篼成了谋生工具。"背篼"是揽搬运零活的农民，随城市的发展而兴。

　　"背篼"昼替人背物，夜枕背篼露宿，"家"就在桥底屋檐。风来雨去，寒至暑往，何处方便？何处洗澡？很少人过问，那是别人的城市。

　　"背篼"的工作，无固定时间，也无固定地点，工地、市场、街头，处处揽活。"背篼"居无定所，租房者是少数。"背篼"何乐之有？四人凑够打扑克，独自低头玩手机；睡前两口散装酒，冬夜御寒夏解乏。为何赖在别人的城市？山偏地瘦，务农不如务工，可拿现钱。

　　20世纪90年代，是"背篼"的黄金时期，之后慢慢衰落。职业"背篼"，从青年变中年，从中年变老年，乃至耄耋之年。

　　贵阳"背篼"，重庆"棒棒"，同处中国西南，同样以劳动工具命名职业，命名群体，同样是街头揽搬运的苦力活，也同属一种古老职业，名叫脚行。

四朵"喇叭花"，马路旁候货。在贵阳，背篼搬运工，被称作"喇叭花"，因背篼口大底小，形似喇叭花而得名

2007年 贵州贵阳

背夫

背夫的负架，俗称"鹿角架"，硬杂木做成，驮物时，手抓两根"鹿角腿"，"鹿角"上置放货物；负重行走，T形手杖助力，犹如为人添拐杖，故又称"墩拐子"。累了，"墩拐子"撑着，人站立负担歇息。

粤人搬运，惯挑而不惯背，故广东有挑夫，没有背夫。背夫多在湘西、川北山区，或云贵高原。山道崎岖，担抬不便，搬运只能靠背夫。

背夫和挑夫，皆称为脚夫，同属脚行。为什么？都吃"脚力"饭。脚行，用现在的话说，就是搬运业。背夫，大都是农民工，种完当年庄稼，就背上"鹿角架"，结伴出门当搬运，挣点苦力钱，补贴家用。

大道平川，何须背夫？有四轮替代。唯山穷水尽处，修电站，拉电网，立碑石，车舟不通，甚至骡马难至，又需搬运物资，背夫方有用力之地。至于名山险道，石阶上云天，游人登顶览胜，要饮，要食，还要住，所需物资，也靠背夫。

旧时，川藏茶马古道，背夫驮茶所用"墩拐子"，拐尖镶铁杵。至今，茶马古道上"拐子石窝"还在，这是背夫"墩拐子"杵出来的岁月印记。背夫，是一种很古老的职业。

看背影，便知是脚夫：背负木架过头，上窄下宽；一柄T形手杖，闲插架上，或随手拿着；粗布垫背，粗绳备用。背无重负兼坦途，信步何轻松

2003年 广东清新

挑山工

　　如今，黄山三条索道，货运至索道上站。山上酒店、宾馆的物资，仍需挑山工肩挑。挑山工组成肩运队，名叫"肩运员"，由景区物资运输服务中心管理。

　　夏日炎炎，隆冬大雪，黄山挑山工肩负重担登山，日复日，年复年。有心人做过统计，挑山工担重均一百五十斤，每年挑三百多担货物上山，每天负担登山八公里，登三万多级台阶，一年负担登山近三千公里。肩运员吴功银，每年都穿坏六双解放鞋。黄山肩运员平均年龄五十一岁，年轻人不愿干这行。

　　泰山亦然。作家冯骥才一篇《挑山工》，使泰山挑山工名扬全国，影响几代人。挑山工，今变为"濒危工种"。泰山挑山工，又叫担山工、担泰山，是古老职业。先秦，始有君主封泰山；继之，秦皇汉武、唐宗宋祖、明君清帝，代代祭祀泰山，山上观祠、亭台、楼阁、塔桥等古建筑，计一百一十余处。历代兴土木、崇祭祀，所有物品都借人力负荷上山。挑山工，成泰山独特文化符号，是泰山精神组成部分。

　　三山五岳的挑山工，其实就是挑夫，是最艰辛的挑夫。挑夫属脚行生意，而当代运输方式，正逐渐取代脚行。

木料重担，捆扎成巨大的 A 形，几乎横占山道，挑山工双肩负担，右肩扛重担横木，左肩以木棒助力，埋头登阶而上，步履艰难

2001 年 黄山

放木排

寒露深秋，涡水两岸，遇山民高山放木，水上扎排，顺流放排。放排工身带两工具：腰别木刀鞘，鞘装砍山刀；手握四尺柄，柄套尖嘴钩。

夏季，杉木已连片采伐，就地晾晒干。山高且陡，放木下河，先修好通道。顺通道放木，木跟木，一木横阻，则木木相阻；靠尖嘴钩啄木，牵一木而动群木，一瞬间，十数木飞箭般射下，险象环生；放排工敏捷如猴，陡坡躲闪若平地。

山上放杉木，水上扎木排。或割藤，或破篾，一把砍刀，就地取材。十几根木头，大头朝前，小头朝后，两根横木相连，藤条或竹篾扎之，即成木排。以单层木排作"船"，再载数层木头。

放排工说，旧时扎排，先破篾丝，绞成粗篾缆，再扎排。排扎好后，加孖钉固牢。涡水有七曲十八弯，遇急流险滩，木排易冲散。而今放排，短途水缓，排不必扎得太牢固，以免拆排费工。

傍晚时分，木排悠然而下。中央水深，三丈长篙不及底，撑排只能靠边。排停公路边的临时码头，拆散，抬上岸，按规格锯平两头，待汽车运。

想当年，涡水可放排至三江，再至连江，集结成长排。之后，放长排出连江口，下清远，到广州。讲史话了，不过半个世纪工夫。

中央水深，三丈长篙不及底，撑排只能靠边
2018年 广东连南涡水镇

杂工

苦力杂工活，都找乡村进城的农民工。杂工，都是累工、脏工、危险工，城市人不愿干，全归农民工。农民工原本在乡下种地，犁耙锄铲，件件精通；春播夏收，农活有序。随潮流来到城里，这手农耕技术，全没用武之地。城市谋生的三百六十行，行行不会，只能卖苦力，做杂工。

每个城市，都有农民工寻工集聚地，或劳务市场一带，或社区街道一角。每天清晨，农民工带着各种工具，聚在一起揽活。背锯斧的，做木工；手提灰桶的，做泥水工；扛滚筒刷的，是刷墙工；拉大板车的，是搬运工；肩绕粗缆绳的，是高空清洁工……成群成市，少则几百，多至上千。

有人租个铺面，简陋装修，挂起牌子，名"拆墙疏通清洁苦力杂工队"，为农民工卖苦力做杂工，担当中介。

全民普及手机，进入网络时代，一些应用软件，也为农民工担当中介。城市居民已难离农民工；进城的农民工，更需要一份工作。

大锤小锤，长钎短钎，背着工具站在街边，自己给自己做寻工广告。拆墙壁，撬地砖，凿瓷片，开沟渠，铁锤钢钎用得上的地方，都是工作范围

2002年 江西南昌